COLLECTION MICHEL LÉVY
— 1 franc le Volume —
1 franc 50 centimes relié à l'anglaise

A. DE LAMARTINE

ANTAR

PARIS
MICHEL LÉVY, FRÈRES, LIBRAIRES ÉDITEURS
RUE VIVIENNE, 2 BIS, ET BOULEVARD DES ITALIENS, 15
A LA LIBRAIRIE NOUVELLE
—
1863

COLLECTION MICHEL LÉVY

ANTAR

OUVRAGES

DE

A. DE LAMARTINE

PARUS DANS LA COLLECTION MICHEL LÉVY

Antar .... 1 vol.
Bossuet .... 1 —
Christophe Colomb .... 1 —
Cicéron .... 1 —
Les Confidences .... 1 —
Cromwell .... 1 —
Fénelon .... 1 —
Geneviève, Histoire d'une servante .... 1 —
Graziella .... 1 —
Guillaume Tell .... 1 —
Héloïse et Abélard .... 1 —
Homère et Socrate .... 1 —
Jacquart .... 1 —
Jeanne d'Arc .... 1 —
Madame de Sévigné .... 1 —
Nelson .... 1 —
Nouvelles Confidences .... 1 —
Régina .... 1 —
Rustem .... 1 —
Toussaint-Louverture .... 1 —

CLICHY. — Impr. de Maurice LOIGNON et Cie, rue du Bac-d'Asnières, 12.

ANTAR

PAR

A. DE LAMARTINE

PARIS
MICHEL LÉVY FRÈRES, LIBRAIRES ÉDITEURS
RUE VIVIENNE, 2 BIS, ET BOULEVARD DES ITALIENS, 15
A LA LIBRAIRIE NOUVELLE
—
1864
Tous droits réservés

AVANT-PROPOS

I

Qu'est-ce que l'histoire? C'est le monde écrit, c'est le genre humain en relief évoqué de tous ses sépulcres, reprenant l'âme, la vie, le mouvement, la parole, devant les hommes nés et à naître, et représentant pour l'instruction, la leçon et l'exemple de l'avenir, le drame éternel de l'humanité dans ce grand cirque bordé de tombeaux, dont la poussière est la cendre même de ce que fut l'homme avant nous. L'histoire est ce spectacle des choses humaines auquel il nous est donné d'assister par la mémoire, tantôt avec admiration et applaudissement, tantôt avec horreur et frisson, selon que la vertu ou le crime, la barbarie ou la civilisation sont en scène, mais toujours avec profit pour notre propre amélioration. L'histoire, en un mot, est au peuple ce que la faculté du souvenir est aux individus, le lien d'unité et de continuité entre notre être d'hier et notre être d'aujourd'hui, la base en nous de toute expérience, et, par l'expérience, le moyen de tout perfectionnement. Sans l'histoire donc, point de moralisation, de perfectionnement et de progrès de civilisation pour un peuple. Avec l'histoire, presque aucun besoin d'autre leçon; elle sait tout, elle contient tout, elle dit tout, et, au lieu de le dire en paroles fugitives, qui passent par l'oreille sans y rester, elle le dit en actions saisissantes et pathétiques. Elle fait de notre cœur, fortement impressionné, l'acteur sympathique des scènes passées; elle s'écrit dans nos yeux avec nos larmes, dans notre cœur avec les mouvements de notre sang; elle nous transforme par l'enthousiasme ou par la pitié qu'elle nous communique dans la personne de ces héros, de ces sages ou de ces victimes qui ne font plus qu'une même âme et une même chair avec nous; et, comme la distance des événements nous rend plus impartiaux et que l'impartialité nous rend plus justes, nous profitons moralement bien davantage du spectacle de l'histoire que du spectacle même des choses présentes. Devant ces hommes qui ne sont plus, rien n'altère notre conscience. Il n'y a là pour nous ni intérêt personnel qui nous corrompe, ni popularité qui nous fascine, ni impopularité qui nous repousse; nous contemplons, nous sentons et nous jugeons avec le désintéressement et avec l'infaillibilité de notre sens moral tout entier. La conclusion intérieure de toutes nos impressions est l'horreur du mal et l'enthousiasme du bien. La vertu grandit et se fortifie dans les nations avancées en âge avec ces impressions et ces conclusions historiques, et l'on pourrait dire, sans se tromper, que le peuple qui a le plus d'histoire est, par cela seul le peuple qui a le plus de vertus.

II

Tout homme, en passant sur cette terre, ne se fait-il pas éternellement en lui-même ces deux questions : « D'où viens-je ? où suis-je ? » Les philosophies et les religions lui répondent dans l'odre surnaturel, sans toutefois que ces deux questions obstinées cessent de se renouveler de siècle en siècle par tout homme venant en ce monde.

Dans l'ordre de la civilisation purement humaine, l'homme se fait également ces deux questions : « D'où viens-je? où vais-je? » Le plus grand nombre n'a pas seulement le loisir d'écouter la réponse, et passe sans avoir rien su de ce mystère de son origine, de sa marche et de son but : fils de famille dont l'héritage est immortel, et qui ne connaît ni ses titres ni ses aïeux.

A ceux qui, comme nous, ont le pain gagné et le temps d'écouter la réponse, l'histoire seulement répond. Nous voulons qu'elle réponde maintenant à tous. Nous voulons que nul ne vienne en ce monde et n'en sorte sans se rendre compte de la place qu'il y occupe dans le temps, de l'origine et de la filiation de sa race, du point de départ et de la marche des idées et des choses qui forment ce qu'on appelle sa civilisation, des progrès successifs, interrompus, repris, croissants ou décroissants de cette civilisation, époque par époque, peuple par peuple, et pour ainsi dire homme par homme. Nous voulons de plus que ce tableau complet de l'humanité, dessiné à grands traits pour les yeux du peuple au lieu d'être un tableau analytique sans vie comme toute chronologie, sans intérêt comme tout abrégé, soit vivant comme un homme et palpitant comme un drame. L'intérêt est la véritable mnémonique du cœur humain. Il ne se souvient que de ce qui le remue et de ce qui le passionne. Or, qu'est-ce qui remue et qu'est-ce qui passionne les masses dans l'histoire? Sont-ce les choses ou les hommes? Ce sont les hommes, les hommes seuls. Je vous défie de vous intéresser à une mappemonde ou de vous passionner pour une chronologie! Ces procédés abrégés et analytiques

a.

sont l'algèbre de l'histoire; l'histoire, alors, glace en éclairant. Il faut laisser cette algèbre de la mémoire aux savants dans leur poussière de livres, qui, après avoir lu toute leur vie et entassé dans leur répertoire des millions de faits, de noms et de dates, veulent se faire la table résumée de leur science, afin de pouvoir mettre à toute heure le doigt sur le chiffre d'une année du globe ou sur le nom d'une dynastie.

Le peuple des lecteurs ne procède pas ainsi : il n'est pas érudit, il est pathétique. Il n'attache aucune importance à ces cartes des siècles, à ces ramifications confuses de l'arbre généalogique de l'espèce humaine, qui noircissent sans profit la sphère historique d'autant de lignes entre-croisées que le compas du géographe en trace et entre-trace sur l'épiderme de son globe. Non, le peuple va droit à un petit nombre de faits culminants qui dominent l'histoire, comme les hautes chaînes de montagnes dominent et divisent les continents; il personnifie ces faits dans sa mémoire en un petit nombre de noms d'hommes supérieurs et véritablement historiques qui ont attaché leur âme, leur vie ou leur mort à ces faits ; et, si l'historien a l'art ou le don de bien entrer par la pensée dans l'esprit, dans le cœur, dans la passion, dans la vie publique ou même dans la vie domestique de ces grands hommes, le peuple des lecteurs néglige avec lui tous les hommes et tous les événements secondaires, il s'identifie par la pensée, par l'admiration, par l'émotion, par les larmes, aux pensées, aux actes, aux vicissitudes, aux vertus, aux grandeurs, aux chutes, aux triomphes, aux supplices de ces grands acteurs de la tragédie humaine. Il entre dans leurs destinées, il assimile son cœur à leur cœur, il y palpite des mêmes sentiments, il y saigne des mêmes blessures, il y brûle du même zèle pour le bien public, il s'y soulève des mêmes indignations contre le crime heureux, il y venge les mêmes injustices, les mêmes ingratitudes, les mêmes persécutions du temps par les mêmes appels à la postérité ; et alors aussi le pays, le peuple, l'époque où ces grands aïeux de la famille humaine ont vécu, pensé, écrit, chanté, agi, les événements auxquels ils ont participé, prennent un corps, une âme, un visage, un nom, une individualité pour le lecteur.

Le sentiment intéressé, passionné, ne fait plus qu'un avec la mémoire ; la science a passé dans la fibre la plus intime du cœur, la médaille historique s'est imprimée toute chaude en nous ; l'histoire était morte parce qu'elle s'était faite livre, et elle devient vivante parce qu'elle se fait homme.

III

Le peuple peut apprendre ainsi tout ce qu'il y a à savoir pour lui de véritablement important dans le passé du monde : les grands hommes et les grandes choses, les grandes ténèbres et les grandes lumières, les grandes perversités et les grandes perfections morales de son espèce. L'ensemble lui apparaîtra suffisamment à travers les pensées et les actes de ces individualités principales et culminantes dont la revue va passer devant lui. Sur cette carte vivante et palpitante du genre humain il entreverra l'œuvre et le plan de Dieu dans l'humanité, comme il les entrevoit dans les éléments sur la carte morte du géographe. Il se comprendra lui-même dans ses ancêtres, comme il se comprendra d'avance dans ses fils.

Il ne se découragera pas des lassitudes et des chutes, en considérant l'immensité de la route, les progrès de la marche, l'infini du but. Il saura que cette famille dont il fait partie s'avance éternellement avant lui, avec lui, après lui, vers des destinées providentielles qu'il dépend de lui d'accélérer par ses vertus ou de ralentir par ses vices. Tout ce qui a été pensé ou fait de beau ou de grand dans le monde se résumera dans son esprit; ses préjugés tomberont peu à peu avec ses ignorances. Il ne vivra plus en lui seul, ou dans ce milieu étroit de nation, de temps, de profession, d'espace, d'idées, dans lequel la nature le renferme pour quelquesjours. Il vivra de la vie des âges tout entiers, parcelle sans doute, mais parcelle qui comprend et qui contient le tout. Voilà l'effet de l'histoire bien personnifiée sur l'âme des hommes : elle les transforme et elle les épure ; elle est la religion de la mémoire, comme la poésie est la religion de l'imagination, comme la logique est la religion du raisonnement. Il faut une religion à toutes nos facultés, car toutes doivent monter à Dieu, pour lui reporter l'homme : l'homme, ce chef-d'œuvre que le Créateur a ébauché et qui peut s'achever lui-même par la liberté, par le travail et par la vertu!

IV

Or, pour donner ce spectacle du genre humain en action au peuple illettré, il n'est pas nécessaire, comme on le suppose, d'évoquer une multitude de noms et de personnages historiques des catacombes des bibliothèques. Non : le genre humain est vaste, mais il n'est pas infini. Quelques acteurs principaux suffisent pour représenter sous la plume de l'historien ce drame quelquefois varié, souvent uniforme, des vicissitudes humaines. Tout consiste à bien choisir les personnages.

Il y a deux manières aussi de les choisir. On peut les choisir à l'élévation et à l'importance de leur rang conventionnel dans le monde, à la grandeur de leur race, à l'éclat de leur trône, à l'immensité de leur empire, à l'orgueil de leurs titres, au nombre de leurs sujets et de leurs armées. On peut les choisir, au contraire, à l'éclat de leur nature, à l'étendue de leurs idées, à l'influence de leur apparition sur l'esprit humain, à la grandeur personnelle de leur rôle, à la sainteté de leur mission sur la terre, à leurs travaux, à leurs persécutions, à leur supplice quelquefois, salaire des vérités qu'ils apportent au monde. On doit les choisir surtout à l'intérêt épique ou dramatique de leur vie. A ce titre même, plus un de ces grands acteurs du drame humain est méconnu, plus il est malheureux, plus il est victime, plus il y a de sueurs, de vicissitudes, de larmes et de sang dans son histoire, plus aussi il y a d'intérêt, d'amour, de passion et de culte dans le sentiment de la postérité pour lui, plus il se grave dans l'imagination. Sous ce point de vue du cœur humain, qui est celui des masses, Socrate est plus historique qu'Alexandre, Christophe Colomb que Charles-Quint, Jacquard que les Médicis ou François Ier.

Ce sont là les caractères que nous avons recherchés dans nos figures historiques. Nous ne nions pas l'immense ascendant qu'ont donné le rang, le sceptre, l'épée, la puissance héritée de leurs dynasties aux chefs des nations et aux pasteurs des peuples dans les temps antiques et modernes. La haute destinée est le piédestal des hautes influences : les mêmes facultés naturelles qui, placées en bas par la fortune, ne brillent que pour un cercle étroit dans la médiocrité d'une vie commune, placées en haut par la Providence, brillent pour le genre humain tout entier ; une grande pensée meurt inactive dans un homme obscur et sans puissance, elle se réalise en grands résultats dans un homme couronné. Il faudrait être aveugle ou jaloux pour nier cette vérité. La situation des hommes est une des conditions ordinaires de leurs actions sur leurs semblables. Le rang est la prédestination de la gloire. Quand on rencontre la valeur personnelle dans des souverains ou dans des législateurs couronnés, il faut placer leurs figures au premier plan de l'histoire; mais quand on aperçoit dans d'autres conditions obscures de la vie des hommes supérieurs par eux-mêmes, ordinairement négligés ou placés sur les derniers plans par les distributeurs de renommée, des révélateurs, des philosophes, des poëtes, des orateurs, des historiens, des artistes, des artisans, des martyrs d'une foi utile au monde, il faut restituer à ces grandeurs naturelles le rang et la portée qui leur appartiennent parmi les maîtres et les modèles de leur espèce. L'histoire, à notre avis, est comme le *Jugement dernier* de Michel-Ange : on n'y comparaît pas avec son costume, mais avec sa nature devant Dieu.

V

Quand le peuple aura étudié avec nous quelques grands hommes, il sera plus apte à comprendre, à ennoblir et à civiliser son pays. Les nouvelles phases du monde moderne, en détruisant l'esclavage et en convoquant les masses à des participations plus larges dans leurs propres destinées, font de la moralité et de l'instruction deux conditions nécessaires de la liberté. Ces deux heureuses conditions de notre temps commandent aux philosophes et aux écrivains qui tiennent en main le miroir de la vérité, de tourner en bas le côté lumineux qu'ils tournaient jadis en haut. La lumière a assez monté, il est temps qu'elle redescende. La vérité s'est souvent faite homme, il est temps qu'elle se fasse foule. Nous savons combien cela est difficile. Le peuple et les écrivains n'ont pas parlé jusqu'ici la même langue, c'est aux écrivains de se transformer et de s'incliner pour mettre la vérité dans la main des masses. S'incliner ainsi, ce n'est pas abaisser le génie, c'est l'humaniser : QUI L'HUMANISE, LE DIVINISE. Nous sentons notre insuffisance, mais nous nous efforcerons d'élever le style de nos récits jusqu'à ce chef-d'œuvre de l'art, la simplicité : la simplicité, langue universelle, qui renouvelle entre le riche et le pauvre, entre le savant et l'ignorant, entre le sage et l'enfant, ce miracle symbolique des premiers messagers de l'Évangile qui ne parlaient qu'un seul idiome et qui étaient compris par les disciples de toutes nations ! *Prenez et lisez*, dirons-nous, comme le fils de l'horloger, aux familles des artisans les moins lettrées. Voilà l'histoire descendue des degrés poudreux des bibliothèques, dépouillée de sa pourpre et de sa pompe, et parlant la langue familière dans des récits sobres et clairs, avec vos femmes et vos enfants. Nous essayons de nous faire son interprète. Nous avons chanté autrefois dans la langue des poëtes pour les heureux et les oisifs de de la terre. Nous avons parlé plus tard la langue des orateurs dans les tribunes des hommes d'État et dans les tempêtes civiles de la patrie. Plus humble aujourd'hui, et peut-être plus utile, nous ne rougissons pas d'apprendre la langue qui va à votre intelligence par votre cœur, et de nous faire simple avec les simples, petit avec les petits.

VI

Mais, nous dit-on, en quoi sert l'histoire élémentaire aux hommes du travail et des humbles professions? Qu'ont-ils de commun avec vos héros, vos rois, vos philosophes, vos politiques?

Qu'est-il besoin de connaître les jeux de la fortune, les catastrophes des empires, la conduite des choses humaines, pour forger son fer, conduire sa navette, tailler sa vigne, filer son fuseau ?

Sans doute la foule n'a pas besoin de connaître l'histoire pour exercer un de ces métiers, elle n'en a pas besoin pour vivre, mais elle en a besoin pour penser. Et la pensée étant l'homme même, si vous voulez que votre foule soit composée d'hommes et non de machines humaines, donnez-lui les éléments de la réflexion. L'histoire est peut-être le plus sain et le plus moralisateur de ces éléments. Elle développe dans le peuple la chose qui lui manque le plus : la conscience. Elle rend la Providence visible dans la rémunération et dans l'expiation infaillible du bien et du mal. Si elle est commentée par un esprit droit et religieux, un cours d'histoire est une leçon de justice et un véritable cours de conscience pour les nations.

VII

Mais ce n'est pas seulement une leçon de justice et un cours de conscience populaire, c'est un cours d'enthousiasme pour le beau. Cet enthousiasme pour le beau moral est un des instincts les plus rapprochés de la vertu que Dieu ait donnés à l'homme. C'est l'aspiration involontaire et passionnée de l'âme vers les sommets de la perfection en toute chose ; c'est le *sursum corda* du genre humain, qui fait monter les cœurs d'admiration en admiration jusqu'à Dieu, source et abîme de toute beauté. Cette faculté, comme toutes les autres, ne se fortifie dans les individus et dans les masses qu'en s'exerçant. Quel plus magnifique exercice de cet enthousiasme que l'histoire? On a dit avec raison que le milieu dans lequel nous vivions, au physique et au moral, modifiait au bout d'un certain temps notre tempérament et notre âme; si donc vous laissez vivre un peuple en société habituelle et exclusive avec cette philosophie triviale, ces instincts ignobles, ces héros cyniques, cette littérature immonde dont il est saturé dans ses ateliers et dans ses chaumières, que voulez-vous espérer de vos générations? Elles se succéderont comme des générations de vices, la stupidité au front, l'incrédulité dans le cœur, le ricanement sardonique sur les lèvres, des légendes infâmes dans l'imagination, des couplets cyniques dans la voix, le succès pour justice, la cupidité pour dieu, séditieuses dans la liberté, serviles dans le despotisme, honte d'elles-mêmes, de leur nation et de leur siècle! Mais si vous les élevez, par l'histoire bien choisie et bien appropriée, à la contemplation des grandes œuvres de la Providence dans l'humanité, à l'intelligence des grandes destinées de l'homme en société sur la terre, à la compréhension des grandes lois religieuses ou civiles qui régissent le monde en le perfectionnant, et si vous les mettez en société habituelle, par vos récits, avec ces grands hommes, ces hommes vertueux, ces esprits supérieurs, ces héros, ces martyrs, ces sages, ces philosophes, ces poëtes, ces artistes qui, dans leur vie ou dans leurs œuvres, ont versé leur sang, leurs sueurs, leur âme, leur amour, leur patriotisme, leurs inspirations, leurs paroles, dans ce fonds commun de grandeur, de désintéressement, de dévouement à leurs semblables, de génie, de piété, de générosité, qui fait la gloire et le titre de l'espèce ; si vous inspirez ainsi à votre peuple la sainte religion de l'enthousiasme pour le nom, la pensée, les actes, les efforts, les revers, les morts même de ces types de l'humanité, soyez sûr que vous aurez inspiré en même temps à vos enfants l'émulation de ressembler à ce qu'ils admirent, et que cet enthousiasme, qui ne semble au premier moment que la flamme de l'imagination, descendra jusqu'au cœur et y sera bientôt un foyer de moralité nationale. L'homme est imitateur, parce qu'il est perfectible. Ce qui lui manque le plus, ce ne sont pas des leçons, ce sont des modèles. Prenez-les dans l'histoire et tenez-les sans cesse devant les yeux de vos enfants. Ces enfants deviendront un peuple, et ce peuple vous honorera en vous surpassant. Il portera votre nom à la postérité, et votre tribut de civilisation au suprême civilisateur!

ANTAR

I

La civilisation a des formes aussi diverses que la pensée de Dieu a de plans divers dans l'humanité. La Providence a assigné à chaque race humaine, par les sites où elle l'a fait naître et par les instincts qu'elle lui a donnés, un rôle qui n'est au fond ni supérieur ni inférieur, mais qui est différent seulement dans la vie du monde. Parmi ces races humaines, les unes sont sédentaires par inclination : elles bâtissent des villes, elles cultivent des champs autour de ces cités. La terre, distribuée en lots inégaux entre les familles, enclose de murs ou de fossés, s'y transmet héréditairement des pères aux enfants. Ces peuplades vivent des moissons que leur travail fait produire à leur patrimoine.

Les autres vivent du commerce, c'est-à-dire du bénéfice qu'elles recueillent, non en cultivant elles-mêmes, mais en transportant et en échangeant les produits d'une contrée contre les produits d'une autre, en achetant à ceux-ci ce qu'ils ont de trop, en vendant à ceux-là ce qui leur manque, et en faisant ainsi le trafic petit ou grand de tout ce qui a un prix sur le globe.

Quelques-unes de ces races sont, par nature et par situation géographique, manufacturières, ouvrières, fabricantes de tous les outils ou de tous les objets de nécessité et de luxe qui servent aux besoins et aux plaisirs de l'espèce humaine. Elles creusent des mines, elles en arrachent le fer, le cuivre, tous les métaux ; elles les façonnent ensuite à l'usage des métiers. Elles tissent les laines les chanvres, les soies ; elles en font des étoffes pour le vêtement du pauvre et du riche. Ce sont ces races ouvrières qui fabriquent ainsi le mobilier du genre humain.

D'autres vivent de la mer. Elles habitent,

pour ainsi dire, l'Océan; elles se font porter par ses vagues, servir par ses vents; elles pêchent, elles naviguent de côte en côte; elles construisent des palais flottants; elles équipent des flottes; elles disputent aux autres nations maritimes les flots de la mer, comme les peuples cultivateurs se disputent les plaines et les vallées de la terre. Elles forment des établissements lointains sur des rivages inconnus, elles jettent leurs colonies comme des essaims par toute la terre. Nées sur les bords de la mer ou dans les îles, leur instinct voyageur et aventureux les pousse invinciblement à s'élancer toujours plus loin dans l'espace. Ce sont ces races qui découvrent les continents nouveaux et qui les peuplent. Les laboureurs sèment le blé; les navigateurs sont les semeurs d'hommes.

Enfin il y a des races primitives qu'un insurmontable amour de mouvement, de variété et de liberté empêche de se domicilier jamais sur la terre. Pour elles, toute maison est une prison; elles croiraient abdiquer quelque chose de leur indépendance en se fixant dans des murailles ou dans des champs autour d'un foyer immobile. Elles voient avec mépris, pitié, horreur, ces villes, cloaques impurs où l'homme dispute l'espace, puis le soleil à l'homme; elles les fuient comme des piéges que la servitude tend à leur liberté; elles ont les troupeaux pour toute richesse, parce que ces troupeaux, libres et errants comme elles, se déplacent comme elles aussi à leur moindre caprice, et transportent incessamment à travers l'immensité du désert, selon les saisons, les climats, les eaux, les pâturages, les simples trésors et les habitations mobiles de ces races. C'est ce qu'on appelle les peuples pasteurs, la civilisation pastorale.

Cette civilisation a pour signe une tente au lieu d'une maison. De cette seule différence dans les deux modes d'habitation des peuples, la *maison* ou la *tente,* naissent des différences organiques innombrables dans leurs mœurs. Avec la maison, l'homme s'enracine, pour ainsi dire, comme la plante dans le sol. Il gagne en sécurité, en police, en nombre, en patrie, en lumière, en gouvernement ; il perd en liberté. Tout peuple domicilié abdique, par le fait même de son domicile fixe, cette faculté de déplacement indéfini qui fait des peuples nomades et pasteurs les rois de l'espace, les possesseurs des sites, des climats, des montagnes, des plaines, des fleuves, domaine illimité de leur pérégrination. La tyrannie s'établit facilement chez les peuples domiciliés dans les villes, la conquête les asservit plus facilement aussi avec leur patrie. Leurs temples, leurs palais, leurs maisons, leur mobilier, leurs domaines, fertilisés de père en fils par la culture, leurs arts, leur luxe, sont autant de gages qu'ils donnent à la partie du globe qu'ils habitent. Ils ne peuvent les emporter avec eux dans les mauvais jours; et quand le tyran ou le conquérant leur dit, le glaive ou la torche a la main : « Servez, ou perdez vos demeures, vos champs et vos richesses! » Ils perdent leur indépendance pour conserver les foyers de leurs pères et de leurs enfants.

Chez les peuples qui habitent la tente, au contraire, ni la tyrannie ni la conquête ne peuvent s'établir. La patrie est vaste comme l'espace, l'homme la porte partout où il plante son pavillon. Conquise ici, on la retrouve là; et quant à la tyrannie intérieure, elle n'est jamais à redouter dans un mode de civilisation qui permet à tout homme, blessé dans sa liberté ou dans sa dignité, de déplacer sa tente, sa famille, sa richesse, et d'aller dans une autre tribu chercher une domination plus douce et un chef moins absolu. Ainsi, bien que l'autorité du père de famille soit la souveraineté naturelle de chaque tente, le despotisme et la dictature absolue sont inconnus chez les peuple pasteurs. Ces peuples ont des chefs, point de maîtres. Tout s'y fait du consentement commun et après des délibérations publiques. Les cités sont souvent monarchiques, le désert est toujours républicain.

II

Ces peuples vivant sous la tente, presque inconnus de l'Europe, occupent encore aujourd'hui et occuperont vraisemblablement toujours les plus vastes espaces de l'Afrique et de l'Asie, la Tartarie, la Mongolie, les déserts de l'Afrique intérieure. C'est là l'incommensurable domaine qu'elles parcourent depuis le commencement des siècles. Quelques villes rares se sont élevées et s'élèvent de temps en temps sur les bords des déserts parcourus par ces peuples ou au milieu même de leur solitude, comme le Caire en Égypte, Palmyre en Mésopotamie, Baalbek en Syrie, Samarcande et les grandes villes de la Tartarie et des plaines au pied du Thibet. Mais ces villes, comme des caps avancés d'une civilisation que la nature de ces races nomades repousse, ne sont que de magnifiques entrepôts de commerce, des rendez-vous de caravanes, des foires lointaines construites à perpétuité aux frontières des races pastorales pour acheter les laines de leurs troupeaux et pour leur vendre le peu d'objets manufacturés nécessaires à leurs habitudes. Incessamment battues par les flots des tribus errantes, circonscrites par le désert, ces capitales, souvent conquises, promptement anéanties par les excursions des nomades, ne laissent sur le sol que de splendides débris, comme Thèbes, Héliopolis, Palmyre, Babylone, Persépolis, Utique : ruines énigmatiques! le voyageur qui les contemple s'étonne que tant de grandeur ait pu sortir du désert et s'écrouler dans le sable. Les populations sédentaires de ces fourmilières de tribus ont tari, et la population pastorale plante encore ses tentes sur la place où furent ces empires. Le chameau, qui est au règne animal ce que le cyprès est au règne végétal, un signe de deuil et d'éternité, broute la ronce et le chardon entre les colonnades renversées de Baalbek et de Palmyre.

Nous ne voulons parler ici que des peuples pasteurs qui nous touchent de plus près par l'Asie Mineure : ceux-là ont vu passer autour d'eux les Mèdes, les Perses, les Égyptiens, les Romains, les croisés d'Europe, sans être entraînés ni dans le courant de ces civilisations diverses ni dans l'écroulement successif de ces empires. Ces tribus ont enfanté Mahomet, le restaurateur de l'unité de Dieu dans le quart du globe; elles se sont rangées les premières sous sa loi morale, elles l'ont suivi dans ses croisades contre l'idolâtrie, et, après avoir conquis toutes les capitales de l'Orient et des Indes à la religion du Prophète, elles ont repris paisiblement leur vie pastorale et leur campement éternel dans leurs solitudes. Ce sont les pasteurs et quelquefois les guerriers des trois Arabies.

III

L'Arabie, divisée dans l'antiquité en trois régions, Arabie *Heureuse*, Arabie *Pétrée*, Arabie *Déserte*, occupe sur le globe cet immense espace qui s'étend de l'Égypte et de la Syrie entre les montagnes du Liban et de la Palestine, la mer Rouge et l'océan Indien. Damas et Bagdad sont aujourd'hui les deux grandes capitales qui s'avancent le plus loin dans ce domaine illimité des Arabes pasteurs, et qui ont le plus de contact avec ces races. La

Mecque, cette métropole de l'islamisme; Médine, tombeau du prophète, et Djidda, principal port de l'Arabie, élèvent çà et là leurs villes saintes peuplées d'Arabes sédentaires à de grandes distances les unes des autres, au milieu de ces contrées abandonnées à l'Arabe errant. A l'exception des environs de ces villes et de quelques *oasis* de culture dans l'Yémen, partie cultivée de l'Arabie Heureuse, le désert s'étend sur tout le reste. Dans les quarante jours de marche entre Damas et Bagdad, comme dans les soixante jours de marche entre Bagdad et Médine, les caravanes ne rencontrent d'autre habitation que des tentes et d'autre végétation que l'herbe épineuse et rare qui ensanglante les lèvres du chameau.

IV

Ce désert, que j'ai parcouru moi-même dans les plaines dont Damas semble le rivage et dans les vallées sablonneuses qui s'étendent entre le Liban et l'Anti-Liban, présente des dunes qui ondulent comme des vagues, de Jérusalem à l'Égypte; il inspire aux sens et à l'âme le même sentiment de l'infini que l'Océan. C'est un océan immobile, en effet, mais qui paraît, comme l'autre, sans autre bord que l'horizon. A mesure qu'on s'y enfonce, les sommets des montagnes du Taurus et du Liban décroissent aux regards et finissent par s'abaisser tout à fait et par disparaître sous la brume. On n'a plus pour limite que le firmament; on marche tour à tour sur un sol nu et rocailleux, qui résonne comme s'il était creux, sous les pas de la caravane, quelquefois sur une terre molle d'où sortent des tiges d'herbe poudreuse et de gros oignons de coloquinte, plus souvent sur un sable fin, tamisé éternellement par le vent, et qui forme des collines mobiles et des vallées profondes à travers lesquelles le chamelier cherche sa route à mille circuits.

Quand le chemin est entièrement fermé par un de ces bancs de sable, la caravane est forcée de le gravir, et l'on voit tout à coup le premier chameau du cortége émerger du désert au sommet d'une de ces collines mouvantes, comme un navire, caché à l'œil par la profondeur des lames, qui se montre au sommet d'une colline d'écume et qui disparaît en redescendant dans une mer creuse.

De temps en temps, à des distances d'un soleil à l'autre, et quelquefois de quatre jours de marche, on rencontre un puits ou une citerne, signalés au loin à l'œil par quelques joncs qui font une tache verte sur le fond jaunâtre du terrain, ou par un vaste sycomore dont les racines déchaussées et noirâtres portent la trace du feu des pasteurs et des caravanes.

V

On campe ordinairement dans le voisinage de ces puits. On attend patiemment que les chevaux, les chameaux, les chèvres et les brebis, harassés de la route ou rentrés le soir des pâturages, se soient désaltérés lentement dans les auges sans cesse remplies par les seaux de cuir que puisent et versent incessamment des esclaves noirs demi-nus. Les tentes s'élèvent. Les femmes, les enfants se dispersent dans les environs du campement pour glaner les tiges mortes des arbustes ou les fientes desséchées des chameaux, seuls combustibles qui vont allumer le feu du soir. D'autres sont occupés à moudre les grains de *dourah* ou de froment entre deux pierres pour pétrir le pain. Les esclaves dessanglent le sac de cuir qui couvre pendant le jour la mamelle des chamelles pour empêcher de têter les jeunes chameaux; ils rapportent à la tente des vases remplis de lait, abreuvent les chevaux du lait qui dépasse les besoins de la famille, et livrent ensuite les mères aux petits.

Pendant ces haltes, les hommes oisifs et qui méprisent toute autre occupation que la guerre et la chasse, se groupent en cercle à la tente du cheik. Ils fument indolemment leur narguillé en s'entretenant des affaires de la tribu. Les orateurs doués de cette éloquence naturelle et exercée que la délibération libre fait naître jusque parmi les tribus nomades, parlent tour à tour, les uns avec une gravité sentencieuse et monotone, les autres avec des éclats gutturaux de voix, avec des attitudes et des gestes qui respirent autant de passion pour décider de la route d'une tribu dans le sable que pour se disputer le gouvernement d'un empire. Quelle que soit la valeur d'un guerrier, il ne peut jamais exercer une influence dominatrice dans son camp s'il n'a pas été doué par la nature du don de l'éloquence. L'Arabe pasteur n'estime le courage qu'autant qu'il est dirigé par l'intelligence; il ne se confie qu'à ceux qu'il reconnaît supérieurs à lui par l'esprit comme par le bras; il résiste à la force, jamais à la persuasion.

VI

La poésie est honorée dans le désert autant que l'éloquence. Peuple à la fois guerrier, harangueur et rêveur, l'Arabe n'exalte au-dessus de tous ses grands hommes, vivants ou morts, que ceux de ses frères qui furent à la fois orateurs au conseil, héros dans la mêlée, chantres et conteurs dans le loisir de la paix. Les jeux mêmes témoignent de cette passion de l'Arabe errant pour la poésie associée à la musique. Un instrument à cordes, semblable à une guitare rustique, résonne souvent la nuit sous ses doigts, accompagne ses vers, soutient ses récits, mesure le pas de ses jeunes femmes et de ses filles dans les danses nocturnes et mystérieuses qui servent de spectacle à ces tribus. Ces danses poétiques et musicales, appelées *lazamen*, portent l'empreinte du génie à la fois poétique, contenu et passionné de ces peuples. Elles sont couvertes de la pudeur du voile et de l'ombre de la nuit. La présence de toute la tribu et la distance toujours sévèrement maintenue entre les deux sexes donnent à ces fêtes un caractère de réserve et de gravité qui semble sanctifier l'amour en provoquant et en refrénant à la fois le délire de la jeunesse.

A une heure avancée de la nuit, heure convenue d'avance entre les familles d'une même tribu, les femmes et les filles se rangent derrière leurs tentes et chantent en chœur un appel aux hommes, qu'elles invitent ainsi à leurs danses. Les jeunes hommes sortent à cette voix. Ils se placent sur une seule ligne, comme des spectateurs, en face de la ligne des danseuses. Ils laissent entre eux et elles un espace vide pour les évolutions de la danse. Quand les deux chœurs sont ainsi rangés face à face, non loin des tentes, sous un ciel à demi éclairé par les étoiles de leur beau ciel, un jeune homme improvise un chant guerrier, lyrique ou passionné, sur un mode lent et mélancolique, il répète plusieurs fois le même vers; ses compagnons répètent à leur tour le dernier mot comme un refrain. Puis le chanteur reprend son chant, il en répète la rime qui finit le vers, et il accompagne sa poésie d'attitudes et de gestes expressifs qui associent le corps à la pensée ou au sentiment de ses strophes. Ces gestes et ces attitudes, les hommes de sa tribu les imitent en l'écoutant.

A ces voix et à ces attitudes cadencées des hommes, deux ou trois jeunes filles sortent du groupe des femmes, voilées à demi d'un voile bleu dont les pans relevés par leurs bras retombent sur leurs pieds nus ; elles s'avancent mollement dans l'espace libre, en suivant le rhythme, jusqu'à deux ou trois pas de la ligne des jeunes hommes. Ceux-ci, exaltés par la musique, par la poésie, par l'admiration et par le mystère, applaudissent avec enthousiasme au pas des danseuses ; ils les encouragent par des exclamations caressantes empruntées au vocabulaire pastoral dont ils flattent les jeunes chameaux.

Quelques-uns, enflammés par le délire de l'admiration ou reconnaissant sous le voile la fiancée qu'ils convoitent depuis leur enfance, arrachent leur turban blanc de leur tête, le déplient et l'étendent à quelques pas d'eux sur le sable, comme un tapis sous les pieds de la danseuse. Si la jeune fille, en foulant ce tapis, parvient à le soulever adroitement du sol avec l'orteil et à le lancer derrière elle du côté des femmes, des cris d'applaudissements s'élèvent ; le turban, le châle, les colliers, les bijoux que les hommes ont jetés ainsi en défi devant eux appartiennent à la danseuse. Il faut les racheter le lendemain par un présent à sa famille.

Après qu'une des figurantes s'est retirée, une autre prend sa place; la musique, la poésie, les transports des spectateurs continuent à provoquer la danse des femmes jusqu'aux dernières heures de la nuit. On conçoit ce que la triple ivresse des vers, du son, de la danse, sous le demi-jour de ces nuits embaumées qui ne laissent entrevoir que ces fantômes voilés dans lesquels chacun croit deviner l'épouse future de ses rêves, doit donner de prestige à ces fêtes de la solitude. La plus religieuse décence se mêle à la plus enivrante illusion. Les louanges de Dieu y sont chantées par les poëtes, et la prière y consacre jusqu'au plaisir. Ces fêtes nocturnes, auxquelles les campements dispersés dans le même désert se convient de loin, s'appellent sous les tentes le *mazamen* ou le *chant des psaumes*.

VII

La tente elle-même, cette maison de l'Arabe errant, est une sorte d'institution religieuse, civile et uniforme dans sa construction. La tradition en a fixé, mesuré, nommé, consacré toutes les parties; aucun caprice arbitraire n'en modifie depuis des siècles le moindre compartiment : foyer de toile et de bois, dont la force du chameau qui le transporte a déterminé les dimensions.

Ce palais du riche et du pauvre s'élève et

s'abat par tout le désert sur le même plan. Chaque pièce de sa charpente ou chaque pan de son feutre a son nom, sa place, son usage, sa coupe, invariablement assignés dans la construction. Il y a une architecture pour ce bloc de toile comme pour le Parthénon. Les Arabes l'appellent *la maison*. Les perches qui la supportent s'appellent *les colonnes*. Il y a neuf colonnes : trois au centre, trois de chaque côté. Ces neuf colonnes forment trois nefs, séparées par des tentures de feutre et destinées à des usages différents. Le tissu de poil de chèvre noire qui recouvre ces colonnes, et qui repose sur une perche transversale adaptée sur les colonnes du milieu, s'appelle le *toit*. Il est doublé d'un tissu plus fort, imperméable à la pluie. La nef du milieu de la tente est la salle commune, destinée à la réception des hôtes; la nef de gauche est l'appartement des hommes, celle de droite est réservée aux femmes. De nombreux cordons de poil de chameau sont attachés aux différents rideaux du sommet de la tente, et, tendus de là avec force comme les câbles d'un mât, ils se rattachent par des anneaux de fer aux piquets plantés en dehors dans la terre pour assurer contre les vents la solidité de l'édifice. Selon la saison et l'heure, on abaisse ou on relève le pan de toile appelé *rouhok*, qui ferme ou qui recouvre le fond de la tente. Le rideau de laine blanche fabriqué à Damas, qui sépare l'appartement des femmes ou le harem du centre de l'habitation, est brodé de fleurs coloriées. Le sol est couvert de nattes sur lesquelles on étend de riches tapis de Bagdad. Un monceau de sacs, de selles de chevaux, de bâts de chameaux, de provisions ou d'armes, s'élève en pyramide autour de la colonne du milieu. L'esclave et le chien ont leur place assignée au pied de la colonne du vestibule. Un léger pan de toile surajouté à la toile de la tente, et flottant au vent, les couvre à peine contre l'intempérie des saisons comme un auvent : c'est la place servile, c'est le refuge du mendiant.

Cet édifice s'élève et s'enlève en peu d'instants, selon la richesse du maître et le nombre des membres de la famille ou des esclaves, quand la tribu se déplace. Une file de chameaux, plus ou moins longue, est chargée des colonnes, des toiles, des sacs, de l'ameuble-

ment, des provisions de la maison renversée ;
les hommes montent à cheval, les femmes et
les enfants sont portés sur les chameaux. Une
espèce de trône large et aplati s'étend en
plate-forme au-dessus des bâts de ces animaux,
et sert de siége d'honneur aux épouses et aux
filles des cheiks. Ce siége, recouvert de cuir
rouge et de tapis éclatants, est l'orgueil des
femmes. Elles ornent le chameau noir qu'elles
préfèrent de housses et de lambeaux d'étoffes
de diverses couleurs dont les franges traînent
à terre et se balancent au vent. Le licou qui
sert de bride à l'animal est décoré de verro-
teries et de plumes d'autruche. Des clochettes
pendent au cou des chamelles laitières, pour
rappeler ou retenir le petit chameau auprès
de sa mère. Les hommes galopent en avant

ou sur les flancs de la caravane, explorent le désert, surveillent les troupeaux en marche, et sondent d'un regard perçant l'horizon. La famille, et quelquefois la tribu entière, généralement composée de quinze ou vingt tentes, s'avance ainsi vers de nouveaux puits ou vers de nouveaux pâturages. Elle retrouve sa patrie uniforme partout où le cheik et les vieillards de la tribu donnent le signal de décharger les chameaux et de dresser les tentes.

VIII

Ces navigateurs éternels de la mer de sable ont contracté, par l'habitude des mêmes mœurs, par la contemplation des mêmes scènes, par l'habitation des mêmes espaces et par la perpétuelle mobilité des mêmes pas dans les mêmes sites, un caractère analogue au caractère du désert : religieux comme l'infini qui les entoure, libres comme l'espace qui leur est ouvert, vagabonds comme le cheval, le chameau, le troupeau qui les porte ou qui les suit; hospitaliers comme la tente ouverte au voyageur égaré dans ces solitudes, intrépides comme l'homme qui ne peut devoir sa sûreté qu'à son propre bras, et qui a sans cesse sa femme, ses enfants, son eau, son pâturage à défendre contre les incursions soudaines d'autres nomades; silencieux habituellement comme la solitude, quelquefois causeurs comme l'homme qui rencontre l'homme et qui se presse de tout dire et de tout apprendre dans un rapide entretien; contemplateurs et poétiques comme les nuits, les jours, les astres, les horizons qu'ils ont devant les yeux; conteurs, enfin, comme les longues heures oisives qu'il faut remplir de récits et de merveilles sous la tente ou autour des puits, pour abréger la durée du temps.

Celui qui n'a pas vu se coucher le soleil
dans une brume de fournaise rouge, réfléchie
par le sable aux limites d'un horizon de la
Mésopotamie ou de la Chaldée; celui qui n'a
pas vu les constellations se lever et s'incliner
lentement pendant les nuits d'été dans cet
océan d'éther bleu plus profond que la pensée
qui s'y plonge, et plus transparent que la
mer à l'ombre d'un cap qui l'empêche de
s'éblouir et de se rider; celui qui n'a pas
entendu les haleines intermittentes du vent
mal assoupi du désert tinter, filtré à l'oreille
par les dunes de sable et par les brins d'herbe;
celui qui n'a pas, au réveil, noyé ses regards
dans l'espace sans bornes dont l'horizon se
perd en Dieu; celui qui n'a pas contemplé au
milieu du jour l'ombre du profil accroupi des

chameaux se dessiner sur le fond du ciel, immobile comme le profil des sphinx de pierre sur le sable fumant d'Égypte, celui-là ne se rendra jamais compte du caractère de l'Arabe pasteur et du charme qui l'attache à sa destinée.

IX

Les impressions, les sensations, les frissons des sens, les bruits, les silences, les pensées du désert viennent de si loin qu'elles semblent venir de l'infini lui-même. Cette lumière qui tombe en pluie de feu sur les collines ou sur les plaines nues n'a rejailli sur aucun toit des villes, et n'est souillée d'aucune fumée des foyers des hommes. Pendant le jour, rien ne s'interpose entre l'âme et son auteur. On sent la main du Créateur, invisible mais palpable, sur sa création. On s'attend à chaque instant à le voir apparaître au milieu de cette mer de clarté qui le voile, ou aux limites de cet horizon si vague qu'il semble aboutir à l'inconnu. Pendant la nuit, le regard se promène à travers les étoiles, les suit ou les devance dans leurs évolutions, et assiste, pour ainsi dire, à ce mécanisme dévoilé des mondes qui est l'acte de foi des cieux.

La religion, cet acte de foi de la terre, est née de l'astronomie dans les déserts de la Chaldée. Les lettres qui composent le nom divin y sont lues en caractères plus resplendissants et plus profonds sur ces pages du firmament. L'imagination s'y nourrit de divisions et de prestiges; les apparitions surnaturelles, ces incarnations de la vérité dans des songes, s'y succèdent depuis le commencement du monde. L'homme, oppressé des mystères de piété et de foi, s'y passionne pour la seule passion digne de lui, la passion de l'infini et de l'éternité.

Tous les grands cultes sont émanés de ces solitudes, depuis le Dieu *Astre,* foyer des mondes de Zoroastre, jusqu'à l'*Allah* de Mahomet; depuis le Dieu législateur *Jéhovah* de Moïse, jusqu'au Dieu *Verbe,* cherché à travers la nuit par les bergers de Bethléem.

L'Arabe, mystérieux comme le silence, méditatif comme la nuit, concentré comme la solitude, fanatique de merveilles comme l'éternelle évocation du secret des cieux, a des sens de plus que nous pour sentir Dieu dans le désert. Sa vie est une adoration perpétuelle, que rien ne distrait du Créateur. L'immensité est avant tout un temple. Il n'y a point d'athéisme face à face avec cette nature. Prenez un athée de l'Occident, et **jetez-le** pour quelques années dans l'Orient : il en sortira guéri de cette infirmité de l'âme. L'athéisme n'a pu naître qu'à l'ombre, dans l'irréflexion et dans le vertige des cités de l'Occident. Le soleil tue l'athéisme, comme ces poisons froids qui ne germent que dans la nuit.

L'espace, qui appartient sans limite au regard, donne aussi à l'Arabe un sentiment plus fier et plus libre de sa dignité. La foule écrase les hommes, la solitude les relève. Quiconque est seul se sent grand, parce qu'il ne se mesure qu'à sa grandeur naturelle, et non à l'imperceptible valeur numérique que son être représente dans l'incalculable multitude d'une ville populeuse ou d'une nation. Ce sentiment de sa grandeur personnelle rend l'homme incapable d'avilissement, rebelle à la tyrannie, inapte à la servitude. Il obéit à sa religion, à la souveraineté divine de la famille, aux mœurs, aux coutumes, ces lois de l'habitude, jamais à la force sans droit. Il a son coursier pour la fuir, son arme pour la combattre, l'espace pour y ensevelir sa liberté ; ses défauts sont ceux des rois, non ceux des esclaves. Il est généreux, compatissant ; il respecte le vaincu, il protége l'enfant, il divinise la femme ; il donne asile à tout ce qui l'implore, même à son ennemi. Il traite ses esclaves comme des frères adoptifs que la Providence lui a donnés, comme une seconde famille in-

férieure dont il est le tuteur, jamais le tyran.
Tels sont les principaux caractères de l'Arabe
errant des trois Arabies, depuis Abraham jusqu'à nos jours. Il était nécessaire de les décrire avant de raconter l'histoire d'Antar, le
David moderne du désert, histoire et poëme
tout à la fois, où le poëte, l'amant et le héros
ne sont qu'un même homme, et se confondent pour émerveiller les Arabes dans les
trois prestiges qui exercent le plus d'empire
sur leur imagination : l'héroïsme, l'amour et
la poésie.

X

La naissance d'Antar est aussi romanesque que sa vie. On croit lire une page de l'histoire à la fois naïve et étrange des patriarches. La voici :

Zobéir, chef ou roi de la tribu d'Abs, tribu nombreuse et guerrière de l'Yémen, était venu faire son pèlerinage à la Mecque. Les Arabes sédentaires et les Arabes errants, avant Mahomet, venaient déjà dans cette ville sainte adorer le premier temple, bâti par Abraham et divinisé par la tradition.

Zobéir s'établit avec sa tribu dans les environs de la Mecque. Jeune, puissant, reconnu pour chef par d'autres tribus moins nombreuses que la sienne, Zobéir cherchait une épouse parmi les filles de sa race. Les bruits de la merveilleuse beauté d'une fille d'un cheik indépendant nommé Amrou l'enflamma du désir de la posséder. Le nom de cette vierge était Thémadour.

Zobéir n'osait demander Thémadour à Amrou, son père, de peur d'un refus motivé sur d'anciennes haines de familles. Dans cette appréhension, il recourt à la ruse. Il invite Amrou à une fête sous ses tentes; et, pendant qu'Amrou, sans défiance, se livre aux douceurs et aux honneurs de l'hospitalité, Zobéir donne secrètement l'ordre à une poignée de guerriers d'une tribu voisine d'aller attaquer la nuit les tentes d'Amrou, de disperser ses troupeaux et d'épouvanter sa famille sans défense. Mais il leur défend en même temps de faire le moindre outrage à la femme et à la fille d'Amrou.

L'ordre secret s'exécute comme il a été donné par Zobéir. Les cavaliers Apostés fondent sur les tentes d'amrou, font fuir ses esclaves, enlèvent les troupeaux et les chassent devant eux dans une gorge de montagnes.

Le bruit de cet attentat prémédité arrive à Zobéir. Il dissimule sa joie ; il s'élance à la tête de ses plus braves cavaliers dans le désert, comme pour voler au secours des tentes de son hôte. Il arrive le premier au seuil de la tente d'Amrou. Amrou, averti plus tard, le suit de loin. La belle Thémadour, sa fille, était tout éplorée sur la porte de la tente, regardant les troupeaux dispersés de son père et levant les bras au ciel pour implorer secours ou vengeance.

« Ses joues, dit le poëte Antar, étaient rouges comme la pivoine, sa chevelure noire et épaise comme les ténèbres de la nuit; les larmes qui flottaient sans couler sur ses paupières augmentaient la splendeur de ses yeux. »

Zobéir, ébloui, ordonne à un vieillard de sa suite de jeter respectueusement un voile sur la jeune fille. Il repart avec ses cavaliers à la poursuite des faux ravisseurs; il ramène triomphant les mille chameaux d'Amrou et ses esclaves délivrés aux tentes de son ami.

XI

Pendant ce simulacre de combat et de délivrance, Amrou était accouru lui-même au secours de sa famille et de sa tribu. Il est témoin du zèle et de la générosité de Zobéir, il le prie d'accepter à son tour l'hospitalité dans la tribu sauvée par son bras.

« Zobéir! s'écrie Amrou au milieu du festin offert par lui au libérateur de sa fille, si mon cœur ne peut épancher sa reconnaissance, il va se briser. Je n'ai rien de plus précieux à t'offrir que ma fille Thémadour : je te la donne pour ton esclave !

— Je l'accepte, non comme esclave, répliqua Zobéir, mais comme épouse. »

A ces mots les jeunes filles de la tribu amènent Thémadour voilée devant Zobéir, puis, lui enlevant son voile, laissent éclater sa beauté aux yeux de son époux.

Zobéir emmena sa conquête dans sa tribu et s'enivra de sa félicité.

XII

Cependant Thémadour, quoique heureuse de l'amour qu'elle inspirait à Zobéir et qu'elle ressentait elle-même pour lui, souffrait dans son orgueil d'avoir été conquise comme une esclave, et non payée par de riches présents à son père comme une fille libre, selon les mœurs des Arabes.

L'imprudent Zobéir, fier du succès de son subterfuge, l'avait avoué dans le délire de son amour à son épouse, Thémadour s'était juré à elle-même de punir la ruse par une autre ruse, et de forcer Zobéir à payer à son père le prix de sa dot.

Une nuit qu'elle reprochait familièrement à son mari la feinte qu'il avait employée pour la conquérir sans rançon, Zobéir se courrouça contre elle, et, se levant avec colère de sa couche, il lui dit qu'elle était bien hardie de blâmer son maître et son époux.

« Eh bien, répondit Thémadour en souriant, sachez donc que votre ruse a été trompée par une ruse plus habile. Je ne suis point cette Thémadour dont vous avez convoité les charmes; je ne suis que sa sœur et son ombre. La merveilleuse beauté à laquelle on m'a substituée pour vous satisfaire repose, à l'abri de vos désirs et de vos armes, sous la tente de mon père, Amrou ! »

Zobéir, à ces mots, se trouble et doute encore.

« Si vous ne me croyez pas, reprend Thémadour, envoyez chez ma mère quelque femme âgée porter un message. Elle entrera sans obstacles dans l'intérieur réservé aux femmes, et le voile de ma sœur tombera devant elle.

— Non, dit Zobéir, je ferai mieux, j'irai moi-même ; je revêtirai le costume d'un marchand d'aromates, et, ma boîte de parfums à la main, je serai admis dans la tente et j'entreverrai le visage de votre sœur. »

Aussitôt après cet entretien, Zobéir, ordonnant à ses esclaves de tenir sa tente fermée pendant trois jours pour qu'on ne soupçonnât pas son absence, s'habilla en marchand ambulant, prit sous son bras un coffre d'aromates, et, les pieds nus, les reins serrés d'une grossière ceinture de cuir, il s'évada, sans être aperçu, de sa tente avant le jour, et prit la route du camp d'Amrou.

A peine était-il parti sous ce déguisement, que Thémadour, se dérobant à son tour sous des habits de guerrier aux yeux des esclaves assoupis, sortit de la tente, délia les jambes du cheval le plus rapide de son mari, et, fuyant à toute bride vers le camp d'Amrou, son père, dépassa sans être reconnue le faux marchand d'aromates et arriva avant lui dans la tente de sa mère.

Thémadour se hâta de faire confidence à son père et à ses frères du plan qu'elle avait conçu pour venger l'honneur de la famille.

Elle les plaça en embuscade dans l'ombre d'un bois de dattiers voisin du camp; elle leur dit d'accourir à sa voix, de surprendre Zobéir désarmé sous la tente, de l'enchaîner au pilier du milieu, et de ne lui rendre la liberté qu'après qu'il aurait juré de payer à son père Amrou le prix de sa fille.

XIII

Ayant dépouillé alors ses habits d'homme, Thémadour se couvrit du voile des vierges et attendit l'arrivée du faux marchand.

« Entrez, vendeur de parfums, lui cria la mère aussitôt qu'elle l'aperçut rôdant comme un renard autour des tentes, vous déploierez vos aromates devant ma fille Thémadour, amoureuse des parfums de l'Yémen. »

A ce nom de Thémadour, Zobéir se crut réellement trompé par Amrou.

« Avez-vous donc une autre fille? demanda-t-il à la mère.

— Oui, dit-elle, nous en avions une autre appelée Klida, beaucoup moins belle que Thémadour. Nous avons changé son nom, et nous l'avons donnée sous ce faux nom de Thémadour à Zobéir, pour nous venger de l'injure qu'il faisait à notre maison en acceptant de nous une épouse sans en offrir le prix. Nous avons gardé la véritable Thémadour, merveille de toutes les tribus, pour la donner à plus haut prix à un guerrier de l'Yémen. »

XIV

Zobéir, à cet aveu, rougissait de honte; oubliant son rôle de marchand, il se préparait à enlever par la violence la beauté qu'on lui avait dérobée, lorsque Amrou, ses fils et ses frères, se précipitant du bois de dattiers vers leur camp, se jettent comme des lions sur Zobéir, lui lient les mains et les pieds et le garrottent, mais sans le blesser, sur le tapis de la tente.

Thémadour, son épouse vengée, laissant

alors glisser à ses pieds son voile, sourit avec une fierté mêlée de tendresse à Zobéir enchaîné ; elle se glorifie d'avoir surpassé la feinte par la feinte. Zobéir, humilié et heureux à la fois de n'avoir été vaincu que par sa femme, convint de donner à son beau-père Amrou mille chameaux, vingt chevaux nobles portant au cou la généalogie de leur race, cinquante esclaves mâles et cinquante jeunes filles pour servir sa femme. A ce prix, il fut délivré et reconduit par la famille d'Amrou à ses tentes.

Six fils forts comme des lions et une fille belle comme sa mère naquirent de cette union. Ces fils devinrent les chefs de la tribu d'Abs, dont Antar fut le héros.

XV

Schédad, un des enfants de cette tribu, qu'on appelait plus communément le maître de *sivvet,* du nom d'une jument célèbre dont il était le possesseur, étant venu un jour, avec dix cavaliers aussi aventureux et aussi bien montés que lui, enlever des esclaves et des troupeaux aux Arabes de Cathan ; les agresseurs trouvèrent la tribu si nombreuse qu'ils n'osèrent l'attaquer pendant le jour. Ils attendirent donc la nuit, en s'écartant dans le désert pour y faire paître leurs chevaux.

Une esclave noire d'une incomparable beauté y gardait, en compagnie de deux petits enfants, les chameaux de la tribu de Cathan.

Les compagnons de Schédad se hâtent de brider leurs chevaux, chassent devant eux les chameaux, et enlèvent les deux enfants et la belle esclave noire. Au bruit de cet enlèvement, mille cavaliers des tentes de Cathan se précipitent à la poursuite des ravisseurs.

Schédad, sans s'épouvanter du nombre des cavaliers, fait entrer ses compagnons, le troupeau, l'esclave noire et les enfants dans une gorge étroite. Il se place lui-même à l'entrée du défilé avec quatre de ses guerriers; il défend jusqu'à la nuit le passage, et jonche à ses pieds la terre de blessés et de morts. Pendant cette lutte, ses compagnons conduisent leur dépouille en sûreté au bord de la mer. Schédad les rejoint, dédaigne sa part du butin conquis par son bras; mais, frappé de la beauté de l'esclave noire, il la demanda pour unique récompense à ses guerriers.

La passion des Arabes pour les filles noires de l'Abyssinie, dont les traits ont la pureté des statues grecques, est célébrée par tous les poëtes de l'Orient.

« L'ambre noir, disent leurs vers, est celui qui enivre le plus de son parfum. »

Cette belle esclave, déjà mère des deux enfants ravis avec elle se nommait Zébédéha.

Schédad la conduisit dans sa tente, l'aima avec constance, et en eut un fils. Ce fils du guerrier Schédad et de l'esclave noire Zébédéha fut Antar.

XVI

La vigueur et l'intelligence précoces du jeune noir frappèrent dès ses premières années les compagnons de guerre de Schédad; ils revendiquèrent la possession de l'enfant, né, disaient-ils, d'une femme esclave qu'ils avaient censenti à céder à Schédad, mais dont ils n'avaient pas entendu céder les fruits. Schédad refusa de livrer son sang à la servitude. La cause fut portée devant Zobéir lui-même.

« Qu'on fasse venir l'enfant, dit Zobéir, afin que je juge par mes propres yeux de l'objet de la dispute. Schédad sort à ces mots, puis rentre tenant son fils par la main. »

Au moment où l'enfant entrait dans la tente, un chien monstrueux, qui venait de dérober une gazelle dans la tente du chef, sortait en emportant la gazelle entre ses dents. Nul n'osait arracher au chien sa proie. L'enfant, sans attendre aucun ordre, se dérobe à la main de son père, se précipite sur le chien, lui enfonce le poing dans la gorge, lui fait lâcher sa proie, et, prenant de chaque main une des mâchoires de l'animal, les desserre avec tant de force qu'il les déboîte jusqu'au cou. Le chien expire aux pieds de l'enfant.

« Je conçois, dit Zobéir, qu'on se dispute la possession d'un pareil enfant; mais la loi le donne à Schédad. Ne dit-elle pas : Celui qui a ensemencé le sol doit le moissonner ; celui qui a planté l'arbre doit manger le fruit? »

Schédad emmena son fils et le rendit à Zébédéha, sa mère.

L'enfant, participant de sa double origine, fils d'un chef libre et d'une esclave préférée, fut traité par son père tantôt en serviteur, tantôt en fils. Il gardait les troupeaux dans la solitude, mais il s'exerçait à combattre les bêtes féroces. Un soir, en rentrant dans la tente, il jeta son sac taché de sang aux pieds de Zébédéha, sa mère. Elle l'ouvrit et frémit d'horreur en y trouvant la tête d'un lion terrassé et démembré par Antar.

Aussi généreux qu'intrépide, il tua un jour, d'un seul coup asséné par son bras de fer, le chef des troupeaux de Zobéir, qui disputait brutalement le puits à une vieille femme dont les chèvres mouraient de soif. A ce coup, tous les bergers esclaves de Zobéir se jettent sur Antar pour venger leur chef. Antar, ramassant un bâton noueux sur le sable, se défend seul contre tous et étend un grand nombre de ses agresseurs morts à ses pieds. Au bruit de la lutte, le jeune Mélik, fils de Zobéir qui chassait dans la plaine, galope vers le puits. Il voit Antar assailli par mille bras. Il contemple les prodiges d'intrépidité et de force du jeune noir. Ému de pitié, attendri d'admiration, il vole au secours d'Antar, il lui jure une éternelle amitié, il écarte les esclaves, il couvre Antar de son sabre, il le fait marcher à côté de son cheval, le protége contre la colère de son maître, lui fait obtenir son pardon et le ramène à la tente de Schédad. Les femmes et les filles de la famille de Schédad se précipitent hors des rideaux pour contempler le triomphe du jeune esclave noir, le prodige des hommes, le vengeur des faibles et le protecteur des femmes.

XVII

Au milieu d'elles, Antar ne voyait qu'Abla, idole de son âme. Abla, la plus belle des vierges de la tribu d'Abs, était fille de Malek, frère de Schédad, et cousine ainsi d'Antar. Grâce à cette parenté des deux familles et à l'union qui existait entre les deux tentes de Schédad et de Malek, Antar et Abla avaient vécu depuis leur plus tendre enfance dans cette familiarité que les mœurs arabes permettent entre les enfants d'un même sang.

Dès leur plus tendre enfance aussi, l'amour, qui devait faire le malheur, la gloire et la félicité d'Antar, semblait être né et avoir grandi avec eux. Ils ne s'avouaient point encore cet amour précoce l'un pour l'autre, mais cette passion respirait dans toutes leurs pensées.

Antar commençait à chanter en vers arabes en gardant les chameaux de son père Schédad dans la solitude; il n'avait pas de plus habituel sujet de ses vers que sa cousine Abla. Toutes les images poétiques du désert, du jour, de la nuit, du soleil, des étoiles, de l'ombre, de la rosée, des palmiers, des yeux de la gazelle, étaient empruntées par le poëte pasteur à cette nature pour évoquer et pour colorer aux yeux de son âme l'image d'Abla et l'impression que lui faisaient sa présence, sa voix ou seulement son souvenir. Mais, bien que ces premiers vers d'Antar, retenus par la mémoire des jeunes Arabes, ses compagnons, et répétés par les jeunes filles sous toutes les tentes, rendissent déjà son nom célèbre entre tous les enfants d'Abs, un accent de mélancolie et de découragement attristait toujours à la fin ces chants. Né d'une mère esclave et noire, noir et esclave lui-même, quoique chéri comme un fils légitime par son père, Antar ne se dissimulait pas que son amour pour Abla était, aux yeux des Arabes, une sorte de sacrilége, et que Malek, père d'Abla, n'accorderait jamais sa fille, à moins de miracles, à un enfant marqué de la couleur de la servitude. Ce fut cette passion pour Abla qui lui inspira de bonne heure l'idée ou le rêve de tenter des prodiges d'héroïsme capables de vaincre la destinée et de conquérir la main de celle dont il avait conquis le cœur.

« Je me précipiterai dans la poussière de la mêlée, je m'élèverai au sommet de la gloire, ou je tomberai sous la flèche des ennemis de ton père, ô Abla! Alors tu pleureras sur mon corps étendu percé de coups à tes pieds, ou bien ton père t'accordera en récompense à ma main libératrice. »

XVIII

Les oncles d'Abla, humiliés et irrités de ce qu'un vil esclave noir osait lever les yeux sur elle, tendent mille piéges à l'adolescent pour le faire succomber, tantôt contre les guerriers, tantôt contre les bêtes féroces des déserts. Sa force et son courage déjouent toujours leurs embûches.

Un jour, les oncles l'ayant envoyé sans armes chercher leurs chameaux au bord de la mer, dans une enceinte de rochers, repaire d'un lion monstrueux qui devait les débarrasser de ce fils importun de leur frère, ils trouvent, au matin, le noir couché et endormi sur le cadavre du lion qu'il a égorgé lui-même. L'admiration et le respect pour la taille colossale et pour la force surnaturelle d'Antar combattent en eux la haine dont ils sont animés contre ce neveu. On croit relire à chaque instant l'histoire de Joseph haï et persécuté par ses frères.

Pendant l'absence de tous les guerriers de la tribu d'Abs, partant pour une expédition lointaine, on confia les femmes, les enfants, les vieillards, les troupeaux, les trésors, les tentes, à la garde du seul Antar. Les guerriers de la tribu de Cathan profitent de cette absence des hommes pour surprendre les tentes d'Abs. Antar, qui veillait éloigné du camp au sommet d'une colline, voit fondre une nuée de cavaliers sur la demeure d'Abla. L'un de ces cavaliers attache la jeune fille sur la croupe de son cheval et fuit avec sa proie. Antar vole plus rapide que les coursiers de Cathan sur leurs traces, il tue le ravisseur, il monte le coursier du guerrier qu'il a tué, poursuit les ravisseurs, les atteint les uns après les autres, et jalonne de leurs cadavres le sable du désert; il revient, vainqueur et vengé, rapporter Abla à sa mère et jouir du salut et des bénédictions de la tribu tout entière.

Chantre lui-même de ses propres exploits, il se vante, avec la naïve fierté de l'Arabe, de l'incomparable force de son bras :

« Me voici dans mon élément, s'écrie-t-il en apostrophant ses ennemis couchés dans leur sang à ses pieds; c'est du sang que je respire; ma force est célèbre; mon sabre coupe comme le feu de la foudre, nul guerrier ne peut l'éviter; l'arc et le sabre ont été les jouets de mon berceau. J'étancherai ma soif avec du vin, du vin aussi vieux que le monde. J'entendrai la voix que je préfère au bruit du fer contre le fer dans la mêlée, quand les guerriers s'entre-choquent et tombent en vidant la coupe de la mort, — la voix d'Abla! — Abla! Abla! tu es le seul rêve de mon cœur, et je ne cherche la renommée que pour ne pas être méprisé un jour par toi! Je suis noir, oui; mais, j'en suis sûr, j'écraserai l'envie, j'anéantirai tout ce qui osera me résister. Je combats pour Abla ! je suis son esclave ! »

Après avoir ainsi chanté son triomphe et ramené toutes les femmes et tous les enfants en sûreté sous les tentes, le noir s'élance de nouveau sur un cheval conquis à la poursuite des ennemis, et ramène au camp de Schédad tous les coursiers de ceux qu'il avait jetés sans vie sur le sol.

On convint, par égard pour les femmes, et surtout pour Séméha, l'épouse légitime de Schédad, de cacher cette incursion des ennemis dans le camp; mais Schédad, à son retour, étant allé visiter les troupeaux, s'étonna de trouver de superbes chevaux de guerre paraissant avec les siens sous la garde d'Antar :

« Malheureux, dit-il à son fils, c'est donc

pour dérober ainsi des chevaux d'élite à nos frères du désert que tu t'éloignes toujours hors de portée du camp, et que tu t'abrites comme un brigand dans les gorges et parmi les rochers inaccessibles? Il n'y a rien de bien à attendre de toi : le larcin et le meurtre sont dans ton sang. Tu flétriras le nom de la race qui a donné asile à ta mère. »

En parlant ainsi, Schédad frappa longtemps son fils innocent avec le manche du fouet qu'il tenait à la main, et, le liant avec des cordes au tronc d'un sycomore, il allait l'abandonner aux animaux de la nuit. Mais Séméha, sa femme, ayant aperçu de loin le bras levé de son mari et entendu les gémissements d'Antar sous le bâton de son père, accourut, fondit en larmes, couvrit Antar de son corps et avoua à son mari l'incursion des cavaliers de Cathan et les exploits du jeune noir puni pour sa vertu. Schédad délia son fils, pleura de joie et d'orgueil au récit de ces exploits, et le conduisit au roi Zobéir, qui l'admit au rang de ses guerriers.

De ce jour, Antar cessa de faire partie des esclaves de Schédad, son père; il se signala dans les guerres de Zobéir contre les autres tribus de l'Yémen.

Au retour des combats, Zobéir le faisait asseoir à ses festins. Antar, semblable à Achille se délassant avec sa lyre, chantait à la table du roi les victoires de sa tribu et ses propres victoires. Il mêlait toujours le nom d'Abla à ses chants de guerre et d'amour, ne demandant à la gloire que de l'élever assez haut dans l'estime des Arabes pour mériter la main d'Abla, le seul prix de sa valeur et de son génie. Des chants nombreux du poëme d'Antar sont consacrés au récit des prodiges de son bras, pendant ces années d'épreuve où Schédad et Malek son frère lui refusent le don de sa maîtresse. Dans une condition toujours indécise entre l'esclavage et la liberté, il sauve en vain plusieurs fois l'honneur de la tribu et la vie d'Abla : l'orgueil arabe se révolte à l'idée de consentir à l'union d'une fille libre et d'un esclave noir. Ses vers, à cette époque, sont des gémissements plaintifs et quelquefois terribles sur sa destinée.

XIX

Comblé d'honneurs et d'affection par le roi Zobéir, Antar ne pouvait obtenir le seul prix qu'il ambitionnât, le titre de fils reconnu et légitime de son père Schédad.

« Vil bâtard, lui dit Schédad, oses-tu bien prétendre au rang de mes autres fils, toi, fils d'une esclave, toi qui portes la honte de ta naissance écrite sur ta peau ! »

Antar, désespéré à ces rudes paroles, baisse la tête, s'enfonce seul dans le désert en abandonnant les rênes de son cheval, et déplore ainsi son infortune :

« En vain je me débats contre mon malheur. J'ai servi les hommes, j'ai cru que mes parents seraient mes protecteurs; ils sont devenus pires que des serpents sous mes pieds. Sur le champ de bataille, j'égale les enfants des rois, disent-ils; mais, dans la paix, je ne suis plus pour eux que le fils de Zebédéha, l'esclave noire! Ah! sans l'amour qui me consume, supporterais-je de pareils outrages? O Abla! que ton image me console et me soutienne! Si ta demeure était au ciel, demain ma main envahirait les étoiles pour te mériter et te conquérir. »

XX

Un jour, après une longue marche dans le désert, Antar, rejoint par quelques cavaliers de Zobéir, attaque la tribu de Cathan, ennemie de la tribu d'Abs ; il immole ses guerriers, renverse ses tentes, chasse devant lui les esclaves et les troupeaux, riche dépouille qui va égaler sa fortune à celle des plus opulents des Arabes pasteurs. Mais l'instinct du héros l'emporte tout à coup en lui sur l'amour et l'orgueil des richesses. Il troque toute cette dépouille contre un cheval persan, fameux dans le désert sous le nom d'Abjer. En vain ses compagnons lui reprochent de les priver de leur part de butin pour un coursier qui doit leur appartenir autant qu'à lui. Antar, méprisant leur murmure, serre les sangles d'Abjer et les défie tous ensemble au combat. Sa stature majestueuse, l'aplomb de ses membres, les muscles de ses bras, pareils au manche d'une massue, les font réfléchir et trembler; ils lui cèdent sans combat la possession d'Abjer, désormais associé dans l'histoire à tous les dangers et à tous les triomphes de son cavalier.

La colère de son père Schédad ne résiste pas à cette nouvelle preuve de la valeur de son fils. Il ne pouvait se rassasier de le regarder et de parler de lui à ses frères.

« O mon frère! dit un jour Schédad à Malek, père d'Abla, nos ennemis haïssent mon fils parce qu'ils n'en ont pas de pareil. Non, par le Dieu de Moïse et d'Abraham! il n'y a ni en Orient ni en Occident un guerrier comparable à mon fils Antar quand il est à cheval sur Abjer. »

Et, en parlant ainsi, Schédad baisa Antar sur les yeux.

« Si tu m'aimes, ajouta-t-il en regardant son frère Malek, aime aussi mon fils Antar.

— Frère, répondit astucieusement Malek, père d'Abla, mais ennemi d'Antar, parce qu'il redoutait ses prétentions sur sa fille, frère, cela est vrai : tu es la colonne de nos tentes, et Antar est notre épée! »

On servit un festin dans la tente de Malek; Abla et ses frères y assistaient. Antar jouissait du pardon de son père, des éloges de son oncle, de l'amitié de ses cousins, de l'amour d'Abla, témoin de sa gloire. Il s'était revêtu de la veste de brocart d'or et de la pelisse d'honneur que lui avaient données le roi Zobéir en récompense de ses services dans les camps. Il n'y avait aucun vêtement pareil dans toute la tribu. Amrou, frère d'Abla, l'ayant admiré avec envie en faisant boire Antar coupe sur coupe, Antar dépouilla sa veste et sa fourrure et les donna à son cousin pour le rendre favorable à son amour.

« Mon neveu, dit le père d'Abla en remerciant Antar du présent fait à son fils, Abla est ton esclave, je suis ton esclave, et mon fils Amrou est l'esclave de tes sandales ! »

Le crédule Antar, ravi de joie à ces paroles, se dépouilla de toutes ses armes et de tous ses autres vêtements, même de sa chemise, à l'exception de son large caleçon, et, se prosternant le buste demi-nu aux pieds de son oncle, il baisa ses genoux en le suppliant d'accepter tout ce qu'il possédait en reconnaissance de la promesse qu'il venait de lui faire.

Antar se releva dans sa majesté.

« Abla, dit le poëte, voyant ainsi Antar debout, nu et noir comme un tronc d'ébène, et contemplant les cicatrices des coups de lance et de sabre dont son buste et ses bras étaient sillonnés, fut frappée de stupeur et se prit à rire de joie en contemplant la hauteur de la stature de son cousin. »

Antar, humilié du rire de son amante, réfléchit un moment, puis il lui répondit par ces vers improvisés :

« La blanche et délicate Abla rit en voyant ma couleur noire et la trace des fers de lance sur mes flancs.

» Tu ne rirais pas, ô Abla ! tu ne serais pas émerveillée lorsque je suis entouré d'ennemis, si tu voyais dans leur poitrine ma lance solide sur laquelle le sang ruisselle en broderie de pourpre.

» Je suis le lion du désert alors, et je m'étonne qu'à l'heure du combat mon ennemi puisse voir mon visage et survivre à son effroi ! »

On apporta à Antar d'autres vêtements, il s'en revêtit. Il passa ainsi neuf jours dans la tente de son oncle, mangeant, buvant et s'entretenant avec sa bien-aimée.

XXI

Le dixième jour, son oncle Malek, ayant interpellé Antar, lui demanda qu'elles étaient ses intentions à l'égard de sa fille et quelle dot il prétendait lui donner en échange d'Abla.

« O mon oncle ! répondit le jeune homme, loin de moi l'affront de mettre un prix à ce visage de lumière, à cette taille de palmier, à cette perle de l'Océan, à cette vierge enveloppée de sa pudeur ! Dites-moi vous-même ce que vous désirez, et ne me demandez qu'une dot supérieure à ce que tous les rois et tous les guerriers de l'Arabie et de la Perse seraient impuissants à lui donner ! »

Malek lui demanda mille chamelles *açéfyr*, les plus rares et les plus estimées des Arabes. Antar les lui promit, chargées, de plus, de toutes les richesses de leurs maîtres ; puis il partit pensif de la tente de son oncle pour aller accomplir sa promesse et payer ainsi le prix d'Abla.

XXII

Il arriva le soir, accompagné seulement de son frère Chéioud, devant une tente solitaire de poil de chèvre noire, autour de laquelle paissaient çà et là quelques chameaux maigres. Un vieillard sortit de la tente au bruit des pas de leurs chevaux. Sa taille était affaissée par le poids des jours ; le temps et les misères de la vie l'avaient décharné.

« Ce vieillard, dit le poëte en racontant cette rencontre, marchait sur le dos de la terre, et sa barbe descendait jusqu'à ses genoux.

» — Pourquoi marches-tu ainsi courbé? lui dis-je.

» Il me répondit, en levant une main vers moi :

» — Ma jeunesse s'est perdue sur la terre, et je me baisse comme pour l'y chercher toujours ! »

Antar descendit de cheval à la porte de la tente. Son cheval Abjer était chargé du gibier qu'il avait tué en route. Le vieillard alluma du feu et prépara un repas ; ils mangèrent et burent jusqu'à la nuit. L'ermite ayant interrogé le guerrier sur le but de son voyage, Antar lui raconta la promesse qu'il avait faite à son oncle.

« Que Dieu maudisse ton oncle ! répondit le vieillard, car il a ourdi ta mort en exigeant de toi une telle dot ; ces chamelles ne se trouvent que dans les terres du roi Moundhir, qui s'étendent entre l'Arabie et la Perse, et dont les Persans et les Arabes redoutent également la puissance. Tu te jettes dans un feu dont la flamme ne s'éteindra plus.

» — Il n'y a de force et de puissance qu'en Dieu qui sait tout, répliqua Antar consterné, mais persévérant dans son dessein. Eh quoi ! j'aurais dit oui à mon oncle, et je lui dirais non ? s'écria-t-il ; cela ne sera jamais, dussé-je servir de pâture aux bêtes féroces ? »

Il s'endormit sous la tente du vieillard, et le lendemain, à la première lueur du matin, Antar prit la route de l'Irak, province de la

Perse soumise au roi Moundhir. La description qu'il fait dans ses vers de la terre d'Irak révèle en lui le poëte descriptif du plus riche pinceau.

« Là, dit-il, s'offrirent à mes yeux des maisons nombreuses et pleines comme des ruches, de vaste prairies, des parterres éclatants de fleurs, arrosés de sources jaillissantes; des chevaux arabes au poils varié, bondissant çà et là dans la plaine, comme des vagues de la mer au vent du matin. Ils réjouissaient la contrée et faisaient frémir les feuilles d'arbre par leur hennissement. De jeunes chameaux s'offraient aussi à mes yeux avec leurs mères, des dromadaires rapides comme la poussière sous le vent, des esclaves, des jeunes garçons, de jeunes filles noires aux cheveux bouclés. Là s'ouvrait une vallée, la plus riante que les génies aient jamais embellie ; l'eau y débordait de toutes parts, semblable à de l'argent liquide ; les parfums des herbes y répandaient l'odeur du musc ; des milliers d'oiseaux, bulbuls, merles, passereaux, colombes à collier, perdrix, cailles, tourterelles, chantaient dans les sillons ou exaltaient sur les rameaux le nom de Dieu ; les épouses des paons y déployaient l'éclat de leur robe, comme si le Créateur les eût habillées des plus rayonnantes couleurs et eût versé sur elle le corail et l'hyacinte ! » (*Traduction de M. Dugat.*)

XXIII

Antar reconnut à ces signes de puissance et de richesse que le vieillard lui avait dit la vérité, et que ravir les troupeaux et les trésors d'un royaume si bien défendu était une entreprise au-dessus des forces d'un seul guerrier. Toutefois il ne perdit pas courage, et, voulant employer la ruse et la force, il descendit de cheval, débrida Abjer, et envoya son frère Chéioub, l'Ulysse de l'Arabie, sous les habits d'un esclave, pour se mêler aux esclaves qui gardaient ces troupeaux et pour obtenir d'eux, en causant sans affectation, des renseignements sur ces fameuses chamelles açéfyr qu'Antar voulait porter en dot à Abla.

Chéioub s'acquitta de sa mission avec son habileté naturelle. Bien accueilli des esclaves du roi Moundhir, il mangea et il but avec eux; il se fit montrer les chamelles açéfyr; il les reconnut, à la blancheur de leur poil, à l'ondulation de leurs bosses, à leur croupe grasse et arrondie, pour les merveilles des troupeaux. S'échappant ensuite pendant le sommeil des esclaves, il rejoignit Antar et lui raconta ce qu'il avait vu :

« Jamais, lui dit-il, troupeaux ne furent si bien défendus, et ton oncle nous a voués à une mort certaine en nous jetant dans cette entreprise.

» — N'importe! repartit Antar, serre la sangle d'Abjer, et couvre-moi de mon armure de mailles de fer. »

Il apparut alors, dit le poëte, monté sur son coursier, semblable à une forte tour.

C'était l'heure où les esclaves ramenaient les troupeaux au pâturage dans la vallée. Chaque troupeau de mille chamelles était surveillé par dix esclaves. Ces esclaves, en passant, regardent à peine Antar et son frère, accoutumés qu'ils sont à voir sans crainte des étrangers dans une terre où jamais un ravisseur n'avait impunément pénétré. Mais Antar, tirant son sabre du fourreau, et lançant son cheval Abjer, comme le nuage lance la foudre, sur le groupe de ces bergers confiants, les disperse, saisis d'étonnement et d'épouvante, choisit mille chamelles açéfyr, l'élite des dix mille chamelles du roi, et ordonne à dix esclaves couchés à terre de se relever et de conduire cette dépouille devant lui.

Le chef de ces esclaves, ayant rallié une centaine de ces gardiens revenus de leur terreur, ose défendre les troupeaux du roi et s'avance à la tête de ses compagnons sur le ravisseur; Antar le frappe du tranchant de son sabre sur la nuque, et la lame ressort par la gorge. « Honte à ta mère et à celle de ton roi Moundhir! » lui crie le héros furieux. Antar et Chéioub font un long carnage de ces esclaves fidèles, et poussent devant eux le troupeau vers le désert.

XXIV

Cependant le fils du roi Moundhir, Homan, guerrier intrépide, averti par les cris des bergers, rallie mille cavaliers et s'élance à la poursuite et à la vengeance.

Antar se retourne et s'arrête au bruit du galop de leurs chevaux derrière lui, et, « se balançant fièrement sur son cheval, dit le poëme, le sourire de l'orgueil et du défi sur les lèvres, il les attend comme la terre altérée attend la première pluie.

Le cri terrible qu'il pousse épouvante les cavaliers et arrête les coursiers sur leurs jarrets.

« Eh quoi ! s'écrie Homan indigné, en reprochant leur hésitation à ses cavaliers, vous trembleriez devant un misérable esclave noir? »

Un combat acharné s'engage et dure jusqu'à l'heure des ténèbres. Antar, épuisé d'une lutte sans cesse renaissante, jonche en vain autour de lui la terre de cadavres d'hommes et de chevaux. Son bras se fatigue. Abjer ploie sous son maître et s'abat; puis, se relevant et se faisant jour à travers les ennemis, s'enfuit dans le désert et laisse son maître renversé dans le sang.

Chéioub, qui contemplait à distance cette lutte, voyant tomber son frère Antar, s'élance de toute la vitesse de sa course vers le désert, échappe à ceux qui le poursuivent, et parvient seul à la porte d'une caverne creusée au flanc d'une montagne. Sur la porte de la caverne, un jeune homme, au teint brun et basané, regardait paître ses moutons et ses chèvres. Devant lui brûlait un petit feu où rôtissait un morceau de chevreau.

« O jeune homme! lui crie Chéioub, protége-moi, je me livre à toi, j'implore ton hospitalité. Ma mort est imminente, et ceux qui ont tué mon frère vont m'atteindre.

— Par le ciel! lui répond le jeune homme, je te protégerai contre tous ceux qui mangent du pain et boivent de l'eau. Entre dans la caverne, je me ferai tuer avant de te livrer. »

A peine le berger avait-il prononcé ce généreux serment, que les cavaliers du roi Moundhir, poursuivant Chéioub et l'ayant vu de loin se réfugier dans la caverne, arrivèrent et sommèrent le berger de leur livrer son hôte, que les mœurs du pays interdisaient de tuer au foyer de son protecteur.

« Fais-le sortir, ou nous te tuons toi-même, dirent les cavaliers au pasteur.

— Nobles Arabes, leur répondit le berger, ne violez pas la foi que j'ai jurée à ce fugitif ; éloignez-vous de la porte de la caverne de quarante pas, afin que je sois en droit de lui retirer ma protection, puis vous ferez ce que vous voudrez !

— Qu'il soit fait ainsi ! » répondirent les guerriers ; et ils s'éloignèrent de quarante pas de la caverne.

XXV

« Étranger, dit le berger à Chéioub en rentrant alors dans la caverne, tu as tout entendu, rien ne peut racheter ta vie que la mienne ; mais j'aime mieux sacrifier ma vie que de manquer à l'hospitalité que je t'ai jurée. Ote tes habits, prends les miens, sors, et dis aux cavaliers : « L'étranger n'a pas voulu quitter son asile ; faites de lui ce que vous voudrez, je vous l'abandonne. » Puis, quand tu les verras descendre de leurs chevaux pour pénétrer dans la caverne, fuis à toutes jambes entre ces rochers, et laisse-les se venger sur moi de ta fuite! Voici mes aliments et mon sac, prends ce bâton, et que la nuit te soit propice! »

Chéioub revêtit les habits du berger, prit le bâton dans sa main et sortit de la caverne. Les ombres de la nuit dérobaient son visage; il dit aux cavaliers ce qui avait été convenu, et, s'éloignant, il feignit de rassembler ses moutons pour les chasser devant lui, et disparut dans les rochers.

XXVI

Les cavaliers de Moundhir descendirent de leurs chevaux, entrèrent dans la caverne et en firent sortir le jeune homme. Ils l'amenèrent pour le regarder à la lueur du feu, et reconnurent avec rage que c'était le berger sous les habits de Chéioub.

« Malheur à toi! lui dirent-ils en tirant leurs sabres. Pourquoi nous as-tu trompé et t'exposes-tu à la mort pour sauver un étranger, le plus vil des Arabes?

— J'ai mieux aimé, dit le berger résigné, racheter de ma vie la sienne que je lui avais juré de défendre! Faites de moi ce que vous voudrez. »

Les guerriers, pleins d'admiration pour cette vertu, lui pardonnèrent et le louèrent. Ils le laissèrent s'éloigner, plein de gloire et digne des louanges éternelles.

XXVII

Pendant cette fuite de son frère, Antar combattait encore à pied contre la nuée d'ennemis qui l'entouraient. La lassitude et non le glaive le jeta à la fin évanoui le visage contre terre. Saisi et garrotté de cordes par les cavaliers, il fut traîné dans la poussière aux pieds du fils du roi, Homan. Le visage mâle et menaçant du héros, son aspect effrayant, la grandeur de sa taille, la largeur de sa tête, étonnèrent le jeune prince.

« Serrez plus fort les liens, dit-il aux gardes; attachez-le sur le dos d'un cheval, et conduisons-le au roi, afin qu'il décide lui-même de son sort !

— Qui es-tu? lui dit le roi, qui rentrait de la chasse entouré de ses courtisans.

— Je suis un Arabe de la tribu d'Abs, répondit Antar.

— Es-tu de la race de leurs nobles ou de leurs esclaves? poursuivit le roi.

— Prince, repartit Antar, pour les hommes généreux, la noblesse, c'est le choc des lances, le sifflement des flèches, les coups de sabre sur les cuirasses, la patience sur les champs de bataille. Je suis le médecin de la tribu d'Abs quand elle est malade, son protecteur quand elle est menacée, le défenseur de ses femmes quand elle est en fuite, son héros quand elle s'enorgueillit de sa gloire, et son sabre quand elle vole au combat. »

Le roi, étonné de cette poésie et de cette éloquence dans la bouche d'un esclave noir, lui demanda qui l'avait poussé à venir ravager ses terres et enlever ses chamelles. Antar lui avoua que c'était son amour pour sa cousine Abla et l'astucieuse exigence de son oncle Malek, qui avait mis ce prix à sa fille. Le roi s'étonna qu'avec tant de courage, d'éloquence, de poésie et d'élévation de sentiment dans l'âme, il se fût ainsi exposé à sa perte pour une petite fille arabe.

« O mon maître ! répliqua Antar au roi, c'est l'amour qui pousse l'homme à monter à cheval sur le danger ; c'est à cause de lui que les têtes des braves roulent dans la poussière. Il ne récompense que les amants qui ont goûté l'amertume de l'absence après les délices du retour, et qui ont veillé de longues nuits. Le malheur n'arrive en tout lieu que du regard lancé des bords d'un voile de femme. »

Un grand bruit et un grand tumulte interrompirent cet entretien. On vint annoncer au roi Moundhir qu'un lion plus grand qu'un taureau, provoqué par ses chasseurs, venait de s'élancer sur sa suite et semait le carnage et la mort sur ses pas.

« O roi! dit Antar, ordonnez à vos compagnons de me laisser seul contre ce lion; s'il me tue, vous aurez été vengé, car j'ai tué moi-même un grand nombre de vos guerriers et de vos esclaves; si je le tue, récompensez-moi en me rendant la vie et la liberté ! Mais ne déliez que mes mains et laissez à mes pieds leurs entraves; car, ou je tuerai l'animal, ou je n'aurai pas le désert pour fuir devant lui. »

Le lion succomba. Antar ne jeta en le terrassant qu'un cri de triomphe :

« Je suis toujours l'amant d'Abla! »

Puis, entonnant un chant de victoire entremêlé de plaintes sur son sort, il raconte en vers héroïques son infortune, sa défaite et sa captivité :

« J'ai été amené devant un roi généreux, disent les dernières strophes de ce chant. J'ai combattu un lion amer au regard, rude au combat;

» Sa face avait la largeur d'un bouclier, et ses prunelles lançaient des étincelles comme un feu de nuit ;

» Je l'ai fendu d'un seul coup avec mon sabre, en allant à lui les pieds entravés dans mes liens ;

« J'ai espéré que le roi m'accorderait en récompense la dot d'Abla exigée par mon oncle, les chamelles açéfyr...

» Par le firmament! se dit le roi en écoutant et en admirant cet esclave, ce noir est la merveille des temps et l'unique du monde! Il réunit l'héroïsme à l'éloquence et l'audace a la constance dans les choses difficiles et qui font la stupeur des hommes ordinaires; si je puis me l'attacher, je ferai voir par lui la supériorité des Arabes de ma race sur les

Persans du roi Chosroès, dont je suis le tributaire. »

Puis, se tournant vers ses gardes :

« Retenez ce noir prisonnier à ma cour, leur dit-il, car la terre n'a pas son pareil, et il pourra un jour glorifier la main qui l'épargne. »

Antar fut l'objet de tous les égards compatibles avec la captivité.

XXVIII

Peu de temps après, le roi Moundhir, ayant été porter son tribut à Chosroès, le grand roi de Perse, fut invité à un festin par ce monarque. Les courtisans de Chosroès, voulant se railler de la simplicité de ce roi des pasteurs, firent servir à la table du monarque deux corbeilles de dattes parfaitement semblables en apparence; mais les dattes servies devant le roi et ses courtisans étaient désossées, et on en avait remplacé le noyau par des pistaches et du miel; celles qui étaient servies devant Moundhir étaient des dattes véritables dont la chair enveloppait le noyau. Le roi Moundhir, voyant Chosroès et ses courtisans manger ces dattes feintes sans rejeter le noyau, crut, par respect, devoir imiter son suzerain : il mangea le noyau avec les dattes. Chosroès et ses courtisans éclatèrent de rire. Moundhir en demanda la cause; ils lui avouèrent leur supercherie. L'hôte outragé affecta de rire lui-même de son erreur; mais il se retira profondément irrité de l'abus que son suzerain avait fait de sa naïve crédulité et méditant la vengeance. De retour dans son pays montagneux, il écrivit une lettre de plainte et de défi au roi de Perse pour lui reprocher cet outrage. Le roi envoya une armée pour soumettre Moundhir. A l'approche de cette armée persane, Moundhir rentra en lui-même.

« Je vois, dit-il, que ma lettre a offensé Chosroès ; mes paroles n'étaient pas convenables. Les légèretés de la langue sont les calamités de l'homme. »

Un satrape nommé Kosrouàn, ennemi du roi Moundhir, et qui aspirait à posséder ses États, commandait l'armée du roi de Perse. Vainqueur des Arabes de Moundhir dans une première bataille, il fit le siége de la ville d'Hira, capitale et dernier refuge du vaincu. Moundhir, réduit à l'extrémité, appela ses fils et ses guerriers à un grand conseil de guerre. On résolut de faire une sortie désespérée le sabre à la main, d'entourer les femmes, les enfants et les trésors d'un rempart d'acier, et de se réfugier dans le désert pour aller demander asile, secours et vengeance aux Arabes cultivateurs. En apprenant cette résolution d'expatrier son peuple, les esclaves de la cour du roi qui gardaient Antar se jetèrent aux pieds de leur maître :

« O père ! lui dirent-ils, le guerrier captif de la tribu d'Abs, qui est enfermé sous notre garde, ayant entendu ce matin le tumulte de la ville et nous ayant interrogés sur la cause de ce bruit, nous lui avons appris ce qui se passait autour des murs.

» —Conduisez-moi au roi, nous a-t-il dit, je lui révélerai le moyen de détruire ses ennemis, fussent-ils aussi nombreux que les grains de sable du désert. »

Antar parut devant le roi.

« Par le ciel! dit-il, mon foie a failli éclater de colère et de honte quand j'ai appris que des Arabes allaient fuir devant ces chiens de Persans! Les Arabes, continua-t-il, sont patients dans le combat et meurent sous le sabot des chevaux ; mais ils ne supportent pas la honte en sauvant leur vie par la fuite. Promettez-moi la dot de la fille de mon oncle ; faites-moi rendre mon sabre, mon cheval Abjer, ma cuirasse de combat ; prêtez-moi mille cavaliers de votre armée pour exécuter la manœuvre que je leur commanderai, et vous verrez ce que deviendront vos ennemis. »

Le roi, confiant dans le bras de son captif, consentit à tout et rappela ses guerriers aux armes. Antar chanta son chant de guerre :

« Je plongerai, dit-il, dans le nuage de poussière jusqu'à ce que je rencontre ce satrape Kosrouàn, et je lui ferai boire la coupe de la mort! Il goûtera sur le tranchant de mon sabre une boisson après laquelle il ne goûtera plus celle de l'eau ! »

Après avoir chanté ces vers :

« Pour tes yeux, ô Abla! » s'écria-t-il.

Et il fondit sur les Persans.

« Sa lance, dit le poëte, était comme le destin : elle raccourcissait les vies. »

Son exemple rendit l'intrépidité aux mille cavaliers de Moundhir. Ils firent reculer les Persans loin des murailles de la ville. Kosrouàn, campé à l'arrière-garde, apprit par les fuyards la déroute des siens devant un cavalier noir plus impétueux, disaient-ils, que le simoun. Il jura de combattre lui-même le lendemain et de laver dans son sang la honte de sa défaite.

Le roi Moundhir, de son côté, alla à la rencontre d'Antar, le fit entrer dans sa tente et manger avec lui.

« Si je savais, dit le roi au jeune vainqueur des Persans, que ce fût un bonheur pour toi de rester dans notre pays, j'enverrais vers Abla pour qu'on l'emmenât de gré ou de force; mais je crains que ton cœur ne soupire pour ton pays et pour tes tentes.

— O mon maître! répondit Antar, je n'ai pas le courage de rester ici, chaque jour passe sur moi avec le poids de mille années;

cependant, dussé-je mourir de mon amour et fondre à l'ardeur de mes souvenirs et de mes regrets, je ne partirai pas que vous ne soyez vengé de Kosrouàn. »

Ils passèrent ainsi la nuit à s'entretenir de la bataille du lendemain sous la tente, pendant que les fils du roi veillaient à la sûreté du camp des Arabes.

XXIX

Kosrouàn jurait, de son côté, à ses chefs qu'il tuerait le lendemain ce génie invincible sous la figure d'un noir, et il s'endormait dans la certitude de son triomphe.

« A l'aube du jour, un guerrier, dit le poëme, sortit des rangs de l'armée des Arabes et s'avança dans l'espace vide qui la séparait des Persans. Il était emmailloté dans son armure de fer; un sabre pendait à sa ceinture; sa main tenait une longue lance. Il montait une jument au poil jaune comme de l'or reluisant au soleil, telle qu'on n'en avait jamais regardé; ses nerfs étaient solides ; sa queue traînante traçait un sillon dans la poussière ; c'était la gloire des coursiers arabes, le vent qui court, l'éclair qui brille, l'orage qui verse. Le guerrier qu'elle portait la faisait courir et bondir çà et là dans la plaine pour évaporer son feu et calmer son impatience. Les Persans de la veille, épouvantés, le reconnurent : c'était Antar, fils de Schédad. Sa jument sortait des haras du roi Moundhir, qui la lui avait prêtée, parce qu'Abjer, fatigué et blessé dans la journée précédente, avait besoin de repos. Antar, ayant trouvé cette jument ferme de cœur et ardente au combat, galopait, sa lance à la main, en défiant Kosrouàn dans ses vers.

» Kosrouàn, insulté, s'élança sur un cheval persan, à la bouche fine, qui devinait la pensée dans la main de son maître. Il était couvert d'une cuirasse de mailles aussi étroites que les yeux des sauterelles. Des javelots résonnaient sur sa cuisse, des flèches dans son carquois, une masse d'armes à pointe de fer pesait à peine comme une plume dans sa main droite.

» Les deux guerriers fondirent l'un sur l'autre; une vague de poussière, soulevée par les sabots de leurs chevaux entre-choqués, les déroba aux regards des deux armées. On n'entendait que les coups, sans voir la lutte, comme deux tonnerres dans un même nuage. Kosrouàn sortit enfin de ce tourbillon, poursuivant Antar de ses javelots, que l'Arabe parait et détournait avec sa lance.

A la fin, le Persan, ayant épié un mouvement d'Antar qui laissait son front à découvert lui lança sa lourde massue, dont le poids écrasait déjà dans sa pensée l'homme et le cheval; mais Antar, galopant au-devant du coup, reçoit la massue dans sa large main, la saisit, la fait tournoyer avec ses chaines comme l'enfant fait d'une fronde, et, la lançant de toute sa force sur Kosrouàn, l'étend les côtes brisées et sans souffle sur la poussière. Il était mort sans avoir senti le goût de la mort ! »

A cette chute du plus invincible de leurs guerriers et de leur satrape, les Persans fuient, poursuivis et immolés par les Arabes. Un seul homme a décidé de la victoire. Le nom d'Antar est dans tous les cœurs. Il revient en

triomphe à la tête des guerriers de Moundhir.
Le sang est figé sur son armure.

Moundhir l'accueillit comme le salut, lui
donna les mille chamelles, envoya un ambassadeur à la tribu d'Abs pour amener Abla à
son héros et pour célébrer les noces dans sa
capitale. Il exigea seulement qu'Antar ne
quittât pas ses États jusqu'à ce qu'il eût obtenu le pardon et la réconciliation avec Chosroès, son souverain; il se repentait de l'avoir
offensé. L'occasion de cette réconciliation se
présenta bientôt.

Un guerrier romain, auquel le poëte arabe
donne le nom barbare de Bathramouth, était
arrivé à la cour de Chosroès pour soumettre
l'empire Persan à la foi du Christ, qui commençait à cette époque à se répandre en Orient.

Ce Bathramouth, moitié apôtre, moitié soldat, accomplissait à la cour de Perse des prodiges de force et d'adresse sous les armes qui humiliaient les guerriers de Chosroës. Soixante fois vainqueur des plus fameux cavaliers persans dans des combats singuliers devant le roi de Perse, Bathramouth défiait en vain à de nouvelles épreuves tous les héros de l'Iram et de l'Arabie. Un sage vizir, âgé de plus d'un siècle, conseille à Chosroës de se réconcilier avec son ancien ami le roi Moundhir et de l'appeler à sa cour avec cent des plus intrépides cavaliers du désert, parmi lesquels Bathramouth trouvera peut-être un rival digne de lui, et l'honneur de la couronne un vengeur.

Moundhir arrive ; il amène Antar monté sur Abjer.

Après cinq heures de combat acharné dans la lice, Antar immole Bathramouth. La Perse triomphe des Romains par le bras d'un esclave noir. Le roi Chosroès lui donne les richesses du vaincu, et l'admet à ses festins avant de congédier Moundhir. Le luxe efféminé de la table des Perses étonne le sobre Arabe du désert.

« O maître, dit-il au roi Moundhir, ces mets nombreux et variés, les rois de Perse en mangent-ils tous les jours, ou bien sont-ce là des délices qu'ils se donnent à des fêtes fixes de l'année? Car je ne vois pas ici de la chair de chameau, et ces aliments légers ne sont bons que pour des enfants. »

Moundhir le fait rougir de sa simplicité et de son ignorance.

Il mangea ce qui était servi devant les convives; les coupes circulèrent pleines de vin aussi vieux que le monde. Des esclaves grecques, dépouilles de Bathramouth, versaient la liqueur et présentaient les coupes. Elles étaient vêtues de robes de diverses couleurs, et ressemblaient à des pleines lunes qui se lèvent. Elles avaient appris qu'Antar était désormais leur maître; elles s'approchaient respectueusement de lui pour le servir et prévenaient ses moindres désirs, quand il se levait ou s'asseyait, épiant ses pensées dans ses yeux. Mais Antar ne se tournait jamais vers ces belles esclaves. L'amour d'Abla possédait seul son cœur.

« Pourquoi, lui disait le roi Moundhir lorsque les rêves du vin jouaient déjà dans son esprit et que les coupes répétées troublaient son cœur, pourquoi ne prends-tu pas plaisir à tes belles esclaves, et pourquoi ton cœur ne se remplit-il pas de son élévation et de ta gloire? Songes-tu à un rang plus élevé, et imagines-tu dans ton pays quelque chose de plus splendide que cette nuit de magnificence? Laisse là tes tristes pensées, et prends du moment ce qui est bon; car tu es aujourd'hui monté au rang des rois, et, si les hommes puissants de ta tribu pouvaient te voir en ce moment, ils envieraient ton sort. »

Antar, en écoutant ces paroles, soupira, et des larmes mal retenues coulèrent sur ses joues au souvenir de sa patrie.

« Par votre tête vénérée, répondit-il au roi, ces faveurs n'ont à mes yeux ni valeur ni charme; car mon cœur et ma pensée sont dans un autre pays que celui-ci, et vous savez que la patrie a la meilleure part dans les cœurs, surtout quand l'homme y a laissé une amante; éloigné d'elle, il attend que son fantôme vienne le visiter dans son sommeil, ou que la brise de son pays souffle vers lui ! »

Puis, s'exaltant à l'image d'Abla, il chanta ces vers :

« La fraîcheur de la brise matinale qui souffle de l'Yémen, lorsque je respire son haleine aromatique, est plus voluptueuse pour moi que ces perles, ces merveilles, ces trésors entassés sous mes mains. Et l'empire du roi Chosroès ne me tente point, quand l'image de ma bien-aimée s'est effacée de mes yeux !

XXX

« Demande-moi ce que tu voudras, répondit le roi, et tout ce qui brille le plus à tes yeux parmi les merveilles de mon empire; je jure de te l'accorder en récompense du service que tu m'as rendu en sauvant l'honneur de l'Arabie et de la Perse contre ce champion des Romains. »

Antar demanda au roi Chosroès la couronne de pierreries qui brillait sur sa tête, pour qu'Abla en fût couronnée par lui le jour de ses noces et dormit sous le diadème à côté de lui. Le roi y ajouta un escabeau, sorte de trône portatif, où les femmes arabes d'un haut rang s'asseyaient en descendant de leur chameau. Les fêtes, les chasses, les luttes continuèrent pendant plusieurs jours, après lesquelles Antar prit congé du roi de Perse, et repartit avec le bon roi Moundhir pour prendre les mille chamelles açéfyr dont ce protecteur lui avait fait présent, et pour les conduire à son oncle Malek. Ces chamelles étaient en outre chargées des trésors conquis par Antar sur ses ennemis, de la couronne et du trône du roi de Perse pour Abla. Le roi Moundhir y avait ajouté cinquante chevaux de main magnifiquement équipés, cent jeunes filles esclaves, et cinquante esclaves mâles choisis parmi les plus robustes et les plus beaux de ses montagnes.

Antar partit suivi de ce cortége pour le désert; ses esclaves poussent devant lui les chamelles et les chameaux chargés de richesses. Il était ivre de joie de son bonheur et de ses triomphes. Mais l'excès de son impatience de revoir Abla et la langueur de son amour pour elle le rendaient malade ; il aspirait péniblement la brise qui venait des montagnes de l'Yémen, ne songeant qu'au bonheur de reparaître dans cette prospérité aux regards de sa tribu et d'éblouir Abla de sa splendeur, de sa gloire et du récit de ses exploits. Le bruit de sa mort, semé par Chéioub, son frère, avait brisé le cœur d'Abla. Elle retrouva la vie et la beauté en revoyant le visage d'Antar.

XXXI

Malek, son oncle, vaincu par ce retour triomphal, lui accorda sa fille. L'esclave noir, enrichi des dons de Moundhir et de Chosroès, devint le plus puissant et le plus opulent des Arabes de la tribu d'Abs. Les années s'écoulèrent dans la paix, dans la guerre, dans de nouveaux exploits et dans une constante félicité auprès de la belle Abla, enviée de toutes les femmes de l'Hedjaz et de l'Yémen.

Nous passons sur ces années monotones de la vie d'Antar pour arriver à la mort du héros, un des plus beaux chants lyriques de toutes les langues.

XXXII

Dans le cours de ses exploits comme chef de sa tribu, Antar avait vaincu un de ses ennemis nommé Djézar, et, pour le punir de ses agressions contre son peuple, il l'avait privé de la lumière du jour en faisant passer un sabre rouge devant ses yeux ; puis il lui avait laissé la vie, la liberté et même le rang suprême dans sa tribu.

« Depuis ce temps, dit le poëte continuateur du poëme, qui raconte dans la même langue le chant funèbre et la mort héroïque d'Antar (nous empruntons pour ce chant la savante et pittoresque traduction de M. Caussin de Perceval), depuis ce temps, Djézar, fils de Djaber, méditait silencieusement sa vengeance. Quoique ses yeux fussent privés de la lumière, il n'avait rien perdu de son adresse à tirer des flèches. Son oreille, exercée à suivre les mouvements des bêtes féroces sur le bruit de leurs pas, suffisait à guider sa main ; jamais le trait ne manquait le but. Sa haine, toujours attentive, écoutait avidement les nouvelles que la renommée répandait sur son ennemi. Il apprend qu'Antar, après une expédition lointaine et heureuse contre les frontières de Perse, revient dans l'Yémen, chargé d'autant de gloire et de trésors qu'il en a rapporté autrefois de la cour de Chosroès, et qu'il doit passer dans le désert voisin de son campement.

A ce récit, Djézar pleure d'envie et de rage. Il appelle Nedjim, son esclave fidèle.

« Dix ans sont écoulés, lui dit-il, depuis qu'un fer brûlant a ravi par l'ordre d'Antar la lumière à mes yeux, et je ne suis pas vengé encore ! Mais enfin le moment est venu d'éteindre dans son sang le feu qui brûle mon cœur. Antar est campé, dit-on, aux bords de l'Euphrate. C'est là que je veux aller le chercher. Je vivrai caché dans les roseaux du fleuve jusqu'à ce que le ciel livre sa vie à mes coups. »

Djézar ordonne à son esclave de lui amener sa chamelle qui atteint l'autruche à la course; il s'arme de son carquois de flèches empoisonnées. Nedjim fait agenouiller la chamelle, aide son maître à monter sur son dos, et prend la corde du licou de l'animal pour diriger ses pas vers le lit éloigné de l'Euphrate. Le guerrier aveugle remplissait le désert de ses menaces et de ses mugissements.

Après un long jour de marche à travers l'espace sans eau, Djézar et son esclave arrivent aux bords de l'Euphrate, dont le cours est tracé par la verdure des arbres et les herbes de son lit.

— Que vois-tu sur l'autre bord? demande Djézar à son esclave.

Nedjim jette un regard sur l'autre bord. Il voit des tentes richement décorées, de nombreux troupeaux, des chameaux errants par groupes dans la plaine, des lances plantées en terre aux portes des tentes, des chevaux harnachés attachés par les pieds devant l'habitation de leurs maîtres. Une tente plus éclatante et plus élevée que les autres était dressée à peu de distance du fleuve. Devant la porte s'élève comme un mât une longue lance d'acier, auprès de laquelle est un cheval plus noir que l'ébène. Nedjim reconnaît le noble coursier d'Antar, le célèbre Abjer, et sa lance terrible. Il fait arrêter la chamelle de son maître derrière des arbustes et des joncs qui les dérobent à tous les yeux, et il attend l'heure des ténèbres.

XXXIII

Quand la nuit eut couvert de ses ombres les deux rives de l'Euphrate :

« Quittons ces lieux, dit Djézar l'aveugle à son esclave ; les voix que j'entends de l'autre côté me semblent trop éloignées pour la portée de mes flèches. Rapproche-moi du bord ; mon cœur me dit qu'un coup illustre va immortaliser mon nom et ma vengeance. »

Nedjim prend l'aveugle par la main, le rapproche de l'eau, le fait asseoir sur la rive en face de la tente d'Antar, et lui donne son arc et son carquois. Djézar choisit la plus acérée de ses flèches, la place sur la corde, et, l'oreille attentive, il attend l'heure de la vengeance.

Cependant Antar, dans les bras d'Abla son épouse chérie, pour laquelle dix années de possession n'avaient pas alangui son amour, oubliait sous sa tente ses fatigues et ses exploits, quand les aboiements lugubres des chiens, fidèles gardiens du camp, viennent jeter dans son âme une inquiétude prophétique.

Il se lève et sort de sa tente. Le ciel était sombre et nuageux. Il erre à tâtons dans les ténèbres. La voix plus animée des chiens l'attire au bord du fleuve. Poussé par son destin, il s'avance jusqu'au lit de l'eau, et, soupçonnant la présence de quelque étranger sur l'autre bord, il appelle à haute voix son frère pour l'envoyer reconnaître le rivage opposé.

A peine sa voix retentissante a-t-elle résonné dans le lit creux du vallon de l'Euphrate, répercutée par les rochers des montagnes, qu'une flèche lui perce le flanc droit et pénètre jusqu'à ses entrailles. Aucun cri, aucun gémissement indigne d'un héros n'échappe à sa douleur. Il arrache le fer d'une main ferme :

— Traître, qui n'a pas osé m'attaquer à la clarté du jour, dit-il d'une voix forte à son invisible ennemi, tu n'échapperas pas à ma vengeance, tu ne jouiras pas du fruit de ta perfidie. »

A cette voix, qui lui fait croire que sa flèche a manqué son but, l'aveugle Djézar, frappé de terreur à l'idée de la vengeance d'Antar, s'évanouit sur le rivage, et son esclave, le croyant mort, s'enfuit sur la chamelle, en abandonnant son maître inanimé sur le rivage. Le frère d'Antar traverse le fleuve à la nage, se heurte contre un corps qu'il prend pour un cadavre, et le rapporte sur ses épaules avec l'arc et les flèches au camp.

XXXIV

Antar, étendu dans sa tente au milieu de ses amis consternés, souffrait d'horribles tortures ; la tendre Abla étanchait son sang, en arrosant la blessure de ses larmes.

On apporte le corps du meurtrier, l'arc et les flèches dans la tente. Antar reconnaît le visage mutilé de son ennemi ; il ne doute plus que la flèche partie d'une telle main ne soit empoisonnée. L'espérance abandonne son cœur, la mort se présente inévitable à ses yeux.

« Fils de mon oncle! lui dit tendrement Abla, pourquoi renoncer à l'espoir? Une légère blessure de flèche doit-elle alarmer celui qui a supporté sans crainte tant de sabres et de lances dont les blessures couvrent son corps?

— Abla, répond Antar, ma vie est comptée. Regarde les traits de ce visage, c'est Djézar : la flèche du traître est empoisonnée! »

A ces mots, Abla remplit la nuit de ses sanglots, elle déchire ses vêtements, elle arrache ses longs cheveux, et ramasse de la poussière qu'elle répand sur sa tête. Toutes les femmes du camp répondent à ses gémissements.

« Chère épouse, dit Antar à Abla, qui défendra ton honneur et ta vie après la mort d'Antar, dans ce long voyage qu'il te reste à faire à travers nos ennemis avant d'atteindre le pays de ton père ? Un second époux, un autre moi-même peut seul t'éviter les horreurs de l'esclavage. De tous les guerriers du désert, Zéid et Amnem sont ceux dont le courage protégera le mieux ta vie et ta liberté : choisis l'un des deux, et va lui promettre ta main.

Abla ne répondit que par ses larmes à une pensée qui lui faisait horreur.

« Pour retourner vers la terre qu'habitent les enfants d'Abs, pour assurer ton passage à travers le désert qui t'en sépare, revêts-toi de mes armes et monte mon coursier Abjer. Sous ce déguisement, qui fera croire aux yeux de nos ennemis que j'existe encore, ne crains pas d'être attaquée. Ne réponds rien à ceux qui te salueront sur ta route : la vue des armes et du cheval d'Antar suffira pour intimider les plus hardis. »

XXXV

Antar, après ces paroles, ordonne le départ. On abat les tentes, on les plie, on les charge sur des chameaux. Abla, inondée de ses larmes, se laisse, par obéissance, revêtir de l'armure pesante d'Antar. Ceinte de son sabre, tenant dans sa main sa lance droite, elle monte son coursier Abjer, tandis que les esclaves couchent Antar expirant dans la litière où Abla avait coutume de se placer dans les temps plus heureux, quand elle traversait, comme une reine, le désert.

A peine avaient-ils perdu de vue les bords verdoyants de l'Euphrate pour s'enfoncer dans l'immensité du désert, qu'ils aperçurent au loin des tentes semblables à des points sombres sur l'horizon ou à une frange noire du manteau azuré des cieux. C'était une tribu nombreuse et puissante. Trois cents cavaliers s'en détachent pour venir fondre sur la caravane. Mais, en approchant, ils reconnaissent la litière et le cheval.

« C'est Antar et Abla, se disent-ils à voix basse les uns aux autres. Voilà ses armes, son cheval Abjer et la magnifique litière d'Abla. Retournons à nos tentes et ne nous exposons pas à la colère de ces invincibles guerriers. »

Déjà ils tournaient bride, quand un vieux cheik, plus réfléchi et plus pénétrant que les jeunes gens :

« Mes cousins, leur dit-il, c'est bien là en effet la lance d'Antar, c'est bien son casque, son armure et son coursier, dont la couleur ressemble à une nuit noire; mais ce n'est ni sa taille élevée ni sa mâle attitude. C'est la taille et le maintien d'une femme timide, affaissée sous le poids du fer qui froisse ses membres délicats. Croyez-en mes soupçons, Antar est mort, ou bien une maladie mortelle l'empêche de monter à cheval, et ce faux guerrier que porte Abjer, c'est Abla, qui se sera revêtue des armes de son mari pour nous intimider, pendant que le véritable Antar est peut-être couché mourant dans la litière des femmes. »

Les cavaliers, reconnaissant quelque chose de vrai dans les paroles du vieillard, reviennent sur leurs pas et suivent à distance la caravane, sans oser l'attaquer encore.

XXXVI

Cependant la main féminine d'Abla fléchissait sous le poids de la lance de fer; elle est obligée de la remettre au frère de son mari, qui marchait à côté d'elle. Bientôt, lorsque le soleil, parvenu à la moitié de son cours, eut embrasé le sable du désert, Abla, épuisée d'angoisse et de fatigue, souleva la visière de son casque pour essuyer la sueur qui baignait son front. Les yeux des Arabes ennemis qui l'épiaient entrevirent la blancheur de son visage.

« Ce n'est pas le noir! s'écrièrent-ils. »

Et ils fondirent de toute la vitesse de leurs chevaux sur les traces de la petite troupe d'Antar.

Au galop de leurs chevaux derrière lui, aux hennissements de leur monture, à la voix d'Abla qui l'appelle, Antar, qui reposait demi-mort dans la litière, se soulève, montre sa tête entre les rideaux, et pousse pour la dernière fois son cri terrible de guerre qui fait rétrécir les cœurs dans les poitrines. A ce cri, connu du désert tout entier, les crins des chevaux se hérissent; les chevaux emportent leurs cavaliers glacés d'effroi.

« Malheur à nous! se disent les Arabes ennemis d'Abs, Antar respire encore! c'est un piége qu'il nous a tendu; il a voulu connaître quelle serait la tribu assez hardie pour ambitionner après lui la conquête de son épouse et de ses biens. »

Un petit nombre seulement, toujours confiants dans la voix du vieux cheik, continuent à suivre de loin la caravane.

XXXVII

Antar, malgré sa faiblesse, replace Abla dans la litière et remonte sur Abjer, couvert de ses armes; il marche lentement à côté d'elle.

A la fin du jour, ils arrivèrent dans une vallée peu éloignée du territoire de la tribu d'Abs. Cette gorge se nommait *la vallée des Gazelles*. Entourée de montagnes inaccessibles, on n'y pénétrait du côté du désert que par une issue étroite et tortueuse où trois cavaliers pouvaient à peine marcher de front.

Antar, s'arrêtant à l'ouverture de ce défilé, fit entrer d'abord les troupeaux, les esclaves et la chamelle qui portait la litière de sa chère Abla. Quand la caravane entière fut en sûreté dans la vallée, il revint se placer seul en sentinelle à l'extrémité du défilé, en face de la plaine et des Arabes qui le suivaient de loin. A ce moment, ses tortures augmentent, ses entrailles se déchirent, chaque pas de son coursier lui fait éprouver des supplices pareils au feu des enfers. La mort envahit ses membres et respecte son âme intrépide. Il fait face aux Arabes, il arrête Abjer, il plante sa lance en terre par la pointe, et, s'appuyant sur le bois comme un guerrier au repos qui laisse respirer son cheval, il demeure immobile à l'entrée du défilé.

XXXVIII

A cet aspect, les trente guerriers qui avaient suivi jusque-là les traces de sa caravane s'arrêtent eux-mêmes, hésitant, à quelques centaines de pas du héros.

« Antar, se disent-ils entre eux, s'est aperçu que nous suivions sa marche; il nous attend là pour nous exterminer tous; profitons des ombres de la nuit qui tombe pour échapper à son sabre et pour rejoindre nos frères! »

Mais le vieux cheik, persistant dans sa pensée, les retient encore.

« Mes cousins, leur dit-il à voix basse, n'écoutez pas ces conseils de la peur. L'immobilité d'Antar est le sommeil de la mort. Eh quoi! ne connaissez-vous pas son courage impétueux? Antar a-t-il jamais attendu son ennemi? S'il était vivant, ne fondrait-il pas sur nous comme le vautour sur sa proie? Avancez donc hardiment, ou, si vous refusez de risquer vos vies contre son glaive, du moins restez ici jusqu'à ce que l'aurore vienne éclairer vos soupçons. »

XXXIX

A demi persuadés par le vieillard, les trente cavaliers se décident à rester où ils sont; mais, toujours inquiets et alarmés au moindre tourbillon de poussière que le vent soulève autour des pieds d'Abjer, ils passent la nuit entière à cheval, sans permettre à leurs yeux de se fermer au sommeil.

Enfin le jour commença à blanchir le ciel et à éclaircir les ombres qui couvraient le désert. Antar est toujours dans la même attitude à l'entrée du défilé ; son coursier, docile à sa pensée, même après lui, est immobile comme son maître.

A cette étrange apparition, les guerriers étonnés se consultent longtemps avant de prendre une résolution. Toutes les apparences leur disent au cœur qu'Antar a cessé de vivre; et cependant aucun d'eux n'ose s'avancer pour s'en assurer, tant est forte l'habitude de la terreur que ce héros leur inspire !... Le vieux cheik veut se convaincre lui-même et les convaincre par une épreuve avant de fuir ou d'avancer. Il descend de sa jument, lui lâche la bride, et, la piquant sur la croupe de la pointe de sa lance, il la chasse vers l'entrée du défilé. A peine la jument a-t-elle atteint dans sa course les bords du désert voisin de la gorge, que l'ardent étalon Abjer, respirant ses miasmes, s'élance en hennissant sur les traces de la jument sans cavalier. Au premier bond du coursier, Antar, soutenu seulement par le bois de sa lance qui se dérobe sous lui, tombe comme une tour, et le bruit de ses armes retentit dans le défilé.

A cette chute, à ce bruit d'un corps inanimé tombant sur la terre, les trente cavaliers volent autour du cadavre étendu aux pieds de leurs chevaux. Ils s'étonnent de voir couché sans mouvement sur la poussière celui qui faisait trembler l'Arabie. Ils ne peuvent se lasser de mesurer des yeux ses membres et sa stature colossale. Renonçant à attaquer la caravane d'Abla, à qui la ruse d'Antar mourant avait donné une nuit entière pour atteindre les tentes de la tribu d'Abs, les guerriers se contentent de dépouiller le héros de ses armes pour les emporter à leur tribu comme un trophée conquis sur la mort. En vain ils s'efforcent de s'emparer de son coursier. Le fidèle et superbe Abjer, après avoir flairé son maître mort, sent qu'il n'aurait plus désormais de cavalier digne de lui : plus rapide que l'éclair, il leur échappe, disparaît à leurs yeux, et s'enfonce pour toujours dans la liberté du désert.

On dit que le vieux cheik, attendri sur le sort d'un héros qu'avaient illustré tant d'exploits, pleura sur son cadavre, le recouvrit de sable et lui adressa ces paroles :

« Gloire à toi, brave guerrier qui, pendant ta vie, as été le défenseur de ta tribu, et qui, même après ta mort, as sauvé tes frères par la terreur de ton cadavre et de ton nom ! Puisse ton âme vivre éternellement ! Puissent les rosées rafraîchissantes humecter la terre de ton dernier exploit ! »

XL

Telle est l'histoire d'Antar ; tel est le poëme dont cet Arabe, pasteur, guerrier et poëte, fut à la fois le chantre et le héros. Ce poëme historique, égal souvent par l'instinct, par les mœurs, par la poésie, à Homère, à Virgile, au Tasse, est récité encore aujourd'hui sous les tentes des Arabes du désert de Damas, d'Alep, de Bagdad, pendant les veillées des chameliers, ou pendant les haltes des caravanes. Ne méprisons personne. Si la poésie littéraire d'un peuple est un des monuments nationaux sur lesquels la postérité peut mesurer avec le plus de certitude le degré de civilisation morale et intellectuelle auquel ce peuple en masse est parvenu, convenons que ces races simples et pastorales, qui ornent leur mémoire et qui charment leurs loisirs par la lecture d'une épopée traditionnelle aussi héroïque et aussi pure que le poëme d'Antar, sont au moins égales en délicatesse de goût et en nobles plaisirs d'esprit à ces populations sédentaires de l'Occident, à la fois si orgueilleuses et si vulgaires, qui n'ont pour poëmes que les complaintes sur quelques scélérats illustrés par leurs crimes, en quelques refrains cyniques pleins de crapule, d'immoralité et de vin. Entre cette poésie de la taverne et cette poésie du désert, quel cœur honnête et qu'elle imagination chaste pourraient hésiter? C'est la tente qui est civilisée, c'est la taverne qui est barbare.

Il y a deux civilisations que l'on ne doit pas confondre : la civilisation matérielle et mécanique qui agit sur la matière et produit pour dernier résultat des idées, des mœurs, des héroïsme, des vertus.

Nous apprécions la première ce qu'elle vaut, c'est-à-dire du bien-être! nous apprécions la seconde ce qu'elle inspire, c'est-à-dire du sentiment!

Les peuples véritablement civilisés sont ceux qui les réunissent toutes les deux, et c'est à ce but que doivent tendre les gouvernements, les législateurs, les économistes, les moralistes, les écrivains, les poëtes.

Mais, s'il fallait absolument choisir entre ces deux civilisations souvent opposées, nous n'hésiterions pas à nous prononcer pour la civilisation des âmes contre la civilisation des corps. Il y a, selon nous, plus de civilisation dans un verset de l'Évangile, dans un axiome de philosophie ou dans un vers de poëte jeté à perpétuité dans la mémoire et dans les mœurs d'un peuple, qu'il n'y en a dans un palais de cristal et dans l'exposition de toutes les industries de l'univers.

Vos ateliers, vos fabriques, vos manufactures, vos machines, produiront des merveilles de tissage et de ciselure, mais toutes les machines de l'univers ne produiront jamais ni une idée ni un sentiment; elles sont la main de l'humanité, elles n'en sont pas l'âme.

Ce n'est pas la main qui fait l'homme ; quelques-uns des êtres les plus méprisés de la création ont une main aussi complète et aussi articulée que la vôtre, et cependant ils sont relégués dérisoirement au dernier rang de l'échelle.

Pourquoi ? parce qu'ils n'ont pas la parole, et que la parole seule, machine vivante de la vérité, contient de la lumière, de la religion, de la morale, du beau et du bon, une âme enfin.

Gloire à la parole ! elle est la seule mesure de la civilisation des races.

Voilà pourquoi de pauvres Arabes pasteurs

ont un poëme épique dans leurs déserts.

Vous n'avez, vous, dans vos capitales industrielles, pour votre peuple de travailleurs, que des tavernes et des refrains.

FIN

www.ingramcontent.com/pod-product-compliance
Lightning Source LLC
Chambersburg PA
CBHW071901160426
43198CB00011B/1184